寫作的心靈雞湯！

神奇寫作柑仔店

20道作文核心命題

展現自己，提升競爭力

30年作文教學經驗
榮獲9大文學獎的作家
黃秋芳——著

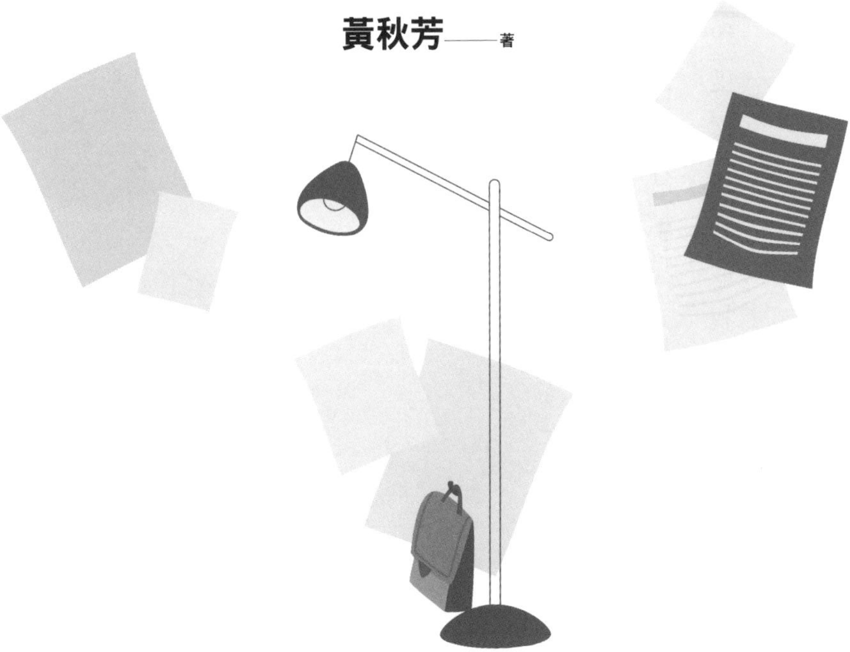

推薦序——鄒敦怜（作家，龍傳文創顧問）

文字，永遠可以等到回應

清晨，我收到秋芳留言，因為忙，這段留言幾乎放了一整天，直到深夜才有機會開始閱讀。她問我能不能看看她寫的書，並且寫一篇推薦序，我毫不遲疑地答應這個任務。

讀過秋芳的許多作品，每一本都寫了像「讀後心得」一般的推薦小文，在我心中，她是文學園地認真耕耘的夥伴，她的田地種的植物樣式多、收成好，她總能抓住精髓，在作品中自在地展現中文經典的底蘊。我一邊寫也一邊想，我跟秋芳到底是怎樣的朋友？除了常在不同的報章雜誌看到她的作品、除了常常看到她當重要文學獎的評審、除了年輕時在純文學的創作比賽中較勁，但她老是占據得獎者的位置……。

除了這些之外，第一次真正的「正面交手」，應該是某一年我的童話入選她所主編的「九歌年度童話選」。當我收到那本書，看到那些「評審委員」居然是小孩！當時的我既驚訝又讚嘆，讚嘆本來就打算給孩子看的童話，讓真正設定的讀者來當評審，真好；驚訝的是，那些小評審絕對不是掛名而已，他們對入選作品有冗長的會議、激烈的言語交鋒，最後還得寫一點評選的記錄。那些紀錄文字不是大人口吻，沒有過度訓練，但又能看到絕對的功力。

這些小評審是怎麼做到的？他們的老師到底怎麼教的？我對秋芳如何

教她的學生一直很好奇。

該怎麼教導小朋友寫作？該怎麼讓寫作變得好玩？這次出版的《神奇寫作柑仔店》可以回答我以上的疑問。書中的作品曾刊登在國語日報的語文專欄，這些作品有系統的一篇銜接著一篇，以清晰的引導方式，學生看了會深受啟發。我常關注秋芳的作品，每次看到她的文章時，第一個念頭都是：「我要讓學生試試看，照著寫，一定很有趣！」

在報紙上刊登的單篇作品難免不易保存。很高興秋芳終於把這系列的作文引導集結出版，除了她能藉機整理作品，直接受益的就是適合用這本書的大小讀者。這本給孩子們的作文法寶書，從目錄的章節就可以看到文學家才有的精鍊語言。書中如同奇幻故事的開頭，帶領小讀者進入「神奇寫作柑仔店」的世界，在這個特別的世界裡，寫作變成一種獨特的享受。

全書分成四卷，每卷都有特定的寫作訓練目標。Part 1「**心是最美的新世界**」，介紹了敘述要素、字詞語句的鍛鍊，以及簡單的修辭技巧等**寫作基本功**；Part 2「**植物是生命的魔法**」，從大自然的事物中汲取靈感，通過幾個有趣的故事串聯起來，以不同的方式練習**觀察、摹寫與感受**；Part 3「**自己最喜歡的樣子**」，從自己出發，包括自我角色、名字意義、心情速寫、聯想開發、自我定位等多個寫作任務。這不僅是創作的活動，更是教導寫作者**如何深入挖掘自己的亮點**；Part 4「**生活是為了幸福**」，則展現了秋芳對「寫作」的哲學觀，她認為寫作能夠融入人格教育、道德教育，透過**認識自我、表現自我，進而學會尊重別人**。

這本出版品和報紙上刊載的略有不同，其中增加了許多學生的實作。不論是家長還是學生，都可以透過這本魔法書，一一細讀文字，參考其中的佳作範例，並且提筆寫作，完成自己的作品。

之前收到年度童話選集時的驚嘆——到底怎麼培養孩子，才能成為言之有物的評審？其實，我早就知道答案了。秋芳在語文專欄完成的作品，第一波接觸並且實作的對象，一定是她的學生。運用這些教材的幸運孩子，在文學導師的指導與長期的薰陶下，必定也能練就能寫能評的能力。

寫作是一種能讓自己找到魔法的奇妙活動，而《神奇寫作柑仔店》就是通往這個魔法世界的一塊敲門磚。我很榮幸能當前導者，先為讀者揭開這本書的神祕面紗。不管你之前是否讀過秋芳的作品，這本書一定能讓你有種「相見恨晚」的讚嘆，那是秋芳透過文字傳達的魔力。

秋芳的文字確實有魔力，儘管我們從未見過面，但總是深刻理解對方的作品，並互相評價。如同那個從清晨等到深夜總能等到回音的訊息，期待在寫作的道路上，我們都是那個永遠能等到對方回應的好朋友。

我很期待新書出版。因為文字也像相交映心的朋友，無論何時何地，永遠都可以等到回應。

自序——洋溢著寫作魔法的神奇柑仔店

黃秋芳

遠從一九四八年開始，《國語日報》在七十五年間，以一種「澆灌小嫩芽」的姿態，不斷在緩步微調中，記取理想、守護初心，為窘促的社會資源，鑿開一扇「寫作的窗口」。好多小小的孩子，都在認真的親師要求下，服過「抄寫國語日報文章」的學習役；為了讓孩子們「快樂寫作文，開心過生活」，國語日報的寫作訓練，也在時代推動下，在「教育性」中摻進作家的靈心和巧思，透過「**作家魔法教室**」和「**小綠芽**」練功房，不斷匯入「兒童性」、「文學性」和「遊戲性」，因應作家個性和專長，以深邃的學養和巧思做基礎，不斷拓寬可能。

這本書，就是「作家魔法教室」在不同年間、不同月分、不同命題的接棒值星。從「美麗心世界」、「天地植物」、「表現自己」到「認識自己」，這些短短的專欄教寫、簡單的魔法練習和充滿創意的創作示範，再注入機器人寫作的競爭思索，以及不同個性、不同樣貌的選材大綱和完整作文，擴大整編成「**心是最美的新世界**」、「**植物是生命的魔法**」、「**自己最喜歡的樣子**」和「**生活是為了幸福**」，成為新鮮熱鬧的《神奇寫作柑仔店》，歸納出趣味盎然的寫作引領，鼓勵孩子們「東張西望」，熱情嘗試各種新生活。

不像便利商店那麼簡便快速；也不是百貨公司的華麗展演，這就是閒逛「寫作柑仔店」的樂趣和熱情。純樸的交流、輕鬆的對話，提供一些好用的建議和練習，再提供一些精彩示範作品，適合在閒暇時，找出來反覆參考品味，像逛一逛人情小店後，順手帶回來的個性紀念品。

小時候，我們喜歡流連「神奇柑仔店」；長大後又喜歡在什麼都有可能的「解憂雜貨店」裡探索，好像也在「什麼都有可能」的人生中，尋找自己的需要和渴望。有時候有好結果，有時候失落，每一天每個瞬間，都在「分享心情」和「選購記憶」的時空驛站，收納著各種各樣的迷惑、探索和停留，迴映著我們一生的走走停停。在每一次閒逛中，迷惑、探索、尋寶、分享，再繼續迷惑、探索、尋寶、分享……所有的生命印記，經歷一次又一次檢視、挑揀和分享，才能在我們的流光版圖裡，生動地跳躍出來。

有一天，經過學校門口附近的水煎包小攤，剛下課的孩子容易餓，這些小販生意不錯，可是我發現，孩子們習慣一手拿水煎包，一手給錢時漫不經心，有時銅板掉了一地，小販老闆彎腰低頭撿錢時，孩子們已漠然離開，沒有道歉，沒有愧疚，沒有幫忙……看著那一張張越來越冰冷的臉，我擔心，這些孩子長大以後，世界會變成什麼樣子？

後來，在跟創作坊討論這現象，孩子們此起彼落地激動起來：「這孩子真沒禮貌！」、「他應該說對不起。」、「至少要和老闆一起撿錢。」……連平常有點任性的孩子都說：「我以前買東西，都把錢放在檯子上。可是，我們班有一個千金大小姐，真的是很有錢的千金大小姐唷！她常常說這樣不好，教我把錢小心地放在老闆的掌心裡。」

這些零零碎碎的討論，都是人和世界、人和人，更重要的是人和自己的凝視和翻揀。我們共存的這個世界，有各式各樣的人，各式各樣的故事，以及互相撞擊出來的不同情感和判斷，有冷漠、自私，也有謙卑、誠懇。透過深沉的理解，像竄擠在「洋溢著寫作魔法」的神奇柑仔店裡，我們會慢慢感受到認真去愛、深情去付出的小小歡喜和甜蜜，只有認真地愛、深情地付出，才能在重複的每一天，生機燦爛地捕捉到每一個生命切片的「獨特感覺」，表現出「特殊見解」，找出讓自己活得更好的各種方法，開展出深刻、豐富的創作世界，我們的文字，自然就深化成無限可能的準確媒介。

研究發現，分科學習與評量成為趨勢後，寫作成為心智綜合能力的展現，足以活化大腦，牽動「觀察感受力」、「想像創造力」以及「邏輯思考力」，以至於美國大學委員會針對大學入學考試做了重大調整，在數學和關鍵閱讀之外，加考寫作測驗。全美超過四百所大學都規定作文是申請入學的必要條件；哈佛大學開設「新鮮人寫作輔導」，訓練未來領袖；諾貝爾化學獎得主赫緒巴哈，要求科學家要寫詩；為矯正員工的文字表達能力，美國私人企業每年投資三十一億美元訓練員工。

文字，成為時代急速向前滾去時最珍貴的救贖。當我們希望孩子們可以越寫越聰明時，記得多陪陪我們的孩子，喚醒每一分每一秒的「新鮮感覺」，像每一趟旅程中遇見柑仔店的小驚喜，流動，停留，用最真實的體會，提出見解，找到最適合自己「快樂活下去」的方法，與自己、別人、整個世界，親密地連結起來，就能寫出最動人的作文。

目錄
CONTENTS

Part 1
心是最美的新世界

Part 2

植物是生命的魔法

Part 3

自己最喜歡的樣子

Part 4

生活是為了幸福

Part 5

結語：喜歡寫，並且寫得很不錯！

Part 1

心是
最美的新世界

1 打造「天天」電影院

寫作文，到底難不難呢？怎麼每次提起筆，好像都想不出來要寫什麼呢？

其實，這都是因為我們的生活太便利了！想要聊天，有聊天機器人；想要寫作，機器人也可以代勞；還有很多示範教材，日常的秩序都差不多，上學、考試、補習、睡覺，好像大家都在應有盡有的「**便利商店**」完成一切生活所需。如果有機會，在繞啊繞的小路上，忽然發現一間「**神奇寫作柑仔店**」，就會發現，這裡沒有大批發的量產文字，只有一點點、一點點的古早味，為大家守著滿滿的回憶，把每一個故事都客製成小巧精緻的電影餅、故事糖。

你喜歡聽故事、看電影嗎？每一個迷人的故事，或者是有味道的電影，具有什麼共同的特色呢？

好多故事，替我們說出共同的快樂、希望、悲傷和恐懼，觸動我們的心情。想一想，這些「共同的感動」，是不是都從「在一個」什麼地方、或者是從「有一個」什麼人開始說起呢？

這些「很久很久以前」的故事，經歷幾百、幾千個「在一個」、「有一個」的開頭。如果我們一不小心，讓「在一個」、「有一個」的作文開頭，跑進作文簿裡，哇！全世界應該早就寫出幾萬篇、幾億篇「看起來很相像」的作文，這時，我們會不會嚇到，發現自己變成「作文工廠」的寫作機器人，寫出千篇一律的產品了呢？

寫作文時，第一件大事，就是要杜絕「平板的開頭」，免得被當成「寫作機器人」。

在寫作柑仔店裡，我們每天都在嘗試新發明。試著把每一天當做一部電影，想像著自己拿著相機，停格在一個固定的畫面，即將大喊一聲：「Action！」，接著，細膩移動，盡可能多多發現有趣又有意思的「特寫鏡頭」，為這些「特寫主角」連結出更多配角，發現角色間的互動和影響，並且透過動態的精細放大，讓作文「動起來！」這就是打破平板、讓文字變生動的祕密。

最簡單的練習，就是每天睡醒後、上學時，或者在任何時候有機會看看天空，記得觀察一下，天天探出頭來的太陽、雲、小鳥、飛機……是不是有一些我們沒有注意到的「小鏡頭」，可以找到不同的顏色、形狀，以及環抱在太陽身邊各種風、雨、樹葉、雲彩、大大的天空、小小的窗口……。

隨著不斷變動的時間，清晨、近午、中午、下午、黃昏、生日、四季、剛睡醒、考試前、颱風後……都算是特別的「切入點」，每一個「瞬間的發想」，都是最棒的作文材料。

柑仔店魔法

柑仔店魔法，都是很清新、很簡單的傳統口味喔！來，拿出紙和筆，我們邊寫邊畫，很快就可以打破「平板的開頭」，描寫出六種太陽。

很簡單吧?什麼?還是覺得表現六種太陽很難?伸個懶腰，振作起精神!從一大早開始:「經過一個寒冷的夜晚，太陽又出來了，新的一天，重新找到一絲絲的希望」;「伸個懶腰，很快就發現太陽用金黃的陽光做顏料，畫出一幅新鮮漂亮的大地」。

慢慢寫到黃昏:「太陽在睡覺以前，先換上金黃又帶橙的睡衣」、「只要太陽想要說再見，都會和黑夜擁抱，然後才依依不捨地離開大地」。

甚至像大魔法師一樣，召喚出整個夜空，拍出一場精采華麗的「作文電影」:「黃昏這個頑皮的孩子，被黑夜媽媽趕回家，然後黑夜在天空上擺起地攤，吸引了好多客人，獵人、獅子、毒蠍，連裝水的瓶子也來了。」

最美的作文，當然是在真實生活中加進自己的感情，像是:「媽媽把荷包蛋煎成太陽，我們叫它太陽蛋，吞進肚子裡的太陽蛋，又香又熱，好好吃唷！」

隨著每一次的美麗「心」發現，我們會越來越喜歡，世界這一座「天天」電影院，每天都有「新鮮的鏡頭」蹦出來。

柑仔店購物籃

仰望天空，世界好大，走在「神奇寫作柑仔店」會發現有好多材料可以運用。我們從這個貨架拿一點童話、那個貨架拿一點故事，在閱讀和寫作時注入活水，有時把「故事接龍與改作」、「典型童話人物拼盤」和「穿接時空的乾坤大挪移」當作教學遊戲，創造集體記憶和快樂氣氛，可以玩得很開心。

不過，靜下心情寫作，記得在選擇素材和角色設定時，學習真摯而毫不保留地把自己的悲歡喜怒、對周遭人事物的觀察領略，投注到引起自己最強烈注意的「**感動種子**」，洋溢出引起共鳴的「人性」，真的「有話要說」，而不是「憑空發想」；接下來，要考慮的是「物性」，每一種角色都帶著獨特的個性和侷限，懸天的太陽、月亮和星空，好像寄寓著我們最容易浮起的關注和想念。

來，讓我們提起柑仔店購物籃，揀選這一篇又一篇有趣的作文，可以當故事看，可以自己研究，也可以和更多的好朋友分享喔！

〈太陽〉☆潘芷嫣，一年級

早上，公雞大叫三聲，太陽就笑咪咪的升上天空，照射在森林小動物的身上。

小動物慢慢的爬出來，森林裡的獅子，是統治這個森林的萬獸之王。但是，在小動物吃早餐的時候，一群獵人闖進森林，把國王給射死。

小動物去動物圖書館，看了《獵人雜誌》，還是不知道該怎麼辦？到了中午，他們去「動物餐廳」吃午飯，太陽高高掛掛在天上，發出好強好強的光，小動物躲在陰涼的大樹下，在討論誰要當國王，大家都選猴子。可是，狐狸和狼在說他壞話，猴子並沒有放在心上。

下午時，有一對父子到森林裡打獵，小動物好害怕，突然，太陽好大好大，把他們晒得像人乾一樣，再也沒有力氣殺害動物了，小動物們都覺得，太陽才是國王。

從此以後，每一個獵人進入森林，太陽就會發出好強好強的光，人們就不敢走進森林，動物們就過著很快樂的生活。

〈太陽〉☆陳品荃，二年級

天上有一顆漂亮的太陽。有一天，他和雲大吵一架，想和雲比誰比較漂亮。他們把自己打扮得很漂亮，可是雲還是輸了，因為太陽還可以發出強烈的光芒。

後來，雲決定要和太陽再比一次，這次雲向很多鳥借了羽毛插在自己身上，所以太陽輸了，因為他身上的羽毛比太陽的光芒還要漂亮。經過這次教訓，太陽再也不敢和別人炫耀了。

可是，過了幾天，太陽就把這件事給忘了，開始跟別人炫耀自己很漂亮，並且又要跟別人比「誰比較漂亮」，可是沒有人想和他比賽，他們都說比賽很無聊，大家和平相處更好。

〈洞〉☆鄭皓文，五年級

「蟲洞」和「黑洞」是好朋友，一直黏在一起，直到有一天他們開始吵架了，因為一顆星球問他們誰比較好？他們誰也不讓誰，很快就分開了。

過了一段時間，黑洞開始流眼淚，因為沒人在他身邊，他很孤單，就不斷吃東西，希望有一些東西可以填滿他的心；蟲洞一直在找黑洞，可惜從來沒有找到，只好一直扭曲時空，希望有一天，可以和他說一聲對不起。

有一天，他們相遇了，雖然心裡知道是對方，卻有一點陌生。

他們各自不斷變化，形成一些很艱難互相了解的缺口，只能一直靜靜的凝視對方，幾萬個光年又幾萬個光年，不知道什麼時候才能傳達心意？

〈日蝕〉☆江丞翊，八年級

月亮有時候會鬧脾氣，拼命跑出來和太陽嘔氣。

「月亮，月亮，妳擋到我啦！借過一下，我要上班了。」太陽焦急的說。月亮不開心的嫌棄：「我才不，為什麼早上都是你出來，我掛在天空上時，大家都在跟床培養感情，沒有人注意到我。」

「那麼早起，妳不累嗎？」太陽溫柔的解釋，月亮像是沒聽到似的，只抱怨自己好累好累，彷彿下一秒就要墜落，這時太陽輕輕的說：「其實妳也有很多人喜歡，在夜晚，好多人看著妳，想著心中所掛念的人，而且妳真的很會打扮自己，每天都有不同的造型。」

聽著聽著，月亮安心的睡著了，太陽慢慢把她送回家，再繼續認真工作。

或許，在某一個白晝，月亮又會鬧脾氣，忍不住想來會會太陽。但是，現在的她，已經知道了自己的優點，也為好多好多思念親人的人，留一盞充滿想念的小燈，那就是我們一起看過的月亮。

作文練習題目〈太陽〉

2
陰晴圓缺月明中

我們在看太陽時，發現各種美麗的可能，不要忘了也關心一下夜裡的月亮。

在神奇的「寫作柑仔店」裡，擠滿了細細的月牙，越來越豐富的上弦月，減肥成功的下弦月，元宵、中秋這些圓圓臉的月亮節，還有每隔幾年總會到地球來玩一玩的「超級月亮」。只要我們多用一點心，每一天都會有「和以前不一樣」的新發現，還可以找出店裡最美麗的「萬花筒」，透過搖晃和重組，每天都可以張望著不同的「**特寫鏡頭**」，捕捉著來來往往的人、事、物間，隨時變來變去的念頭。

這是個多麼熱鬧的世界啊！像超大型的電影院，在每天上學、考試、安親班、補習的生活中，呼喚著我們，真實感受著每一天不同的溫度、嗅聞著不同的味道，領略著生活中的各種層次，等待著我們可以像電影導演般，瞄準自己的生活、照亮自己的人生、分享自己的感情和見解。

我們打破平板的開頭後，切記要跳開「照著時間順序平鋪直敘」的流水帳，隨著每一個字，延伸出「字感」；透過一個字又一個字的組合與變動，裂生出更多的「詞組」，找出自己最喜歡的句子，說自己想說的話，寫自己想寫的文章。

柑仔店魔法

這種「把字接在一起」的組合能力，就是柑仔店的自由進貨。讓我們在「造詞練習」中，凸顯出自己的創意；然後，改變「字序」，顛倒每一個詞常見的用法，製造出一種熟悉而又陌生的「新鮮感」，才能不退流行，永遠受到歡迎。

試試看，辨識出這些詞組在不同的組合順序中，如何渲染出不同的意義和情緒？

1.「**青天**」和「**天青**」

2.「**冰糖**」和「**糖冰**」

3.「**湖心**」和「**心湖**」

4.大聲朗讀李後主〈虞美人〉：「春花秋月何時了？往事知多少？小樓昨夜又東風，故國不堪回首月明中。」，再深入想一想，「**月明中**」和「**明月中**」，感覺有什麼不同？

有沒有一種感覺，好像「青天」顯得靜靜的，「天青」變得遠遠的？「冰糖」甜甜的，適合冬天和家人一起熬甜點；「糖冰」涼涼的，適合夏天和同學聯歡會。

湖心的「心」是句點，有標準答案，確定知道位置；心湖的「心」是問號，沒有標準答案，也從來沒有人確切知道心所在的位置。

「月明中」的喧譁歡愉，像淡淡暈開的月光，隨著記憶裡的無數次溫習，美麗都變成寂寞；如果換成明亮而強烈的「明月中」，深沉悲傷都蒸發了。

想一想，「明月中」的月亮很大、很圓嗎？「月明中」的月亮，是不是就變小、變遠了？有人認為「明月」很清楚、「月明」擴散出暖暖的餘光；有人在「明月中」感受到完整飽滿、「月明中」卻顯得殘缺、模糊、不完整；有人覺得「明月中」是現在的記憶、「月明中」慢慢推向過去。

也有人延伸得更深切，「明月中」是月亮剛出來的時候，有一種從早上到晚上的等候與期盼，一定要好好活著；「月明中」卻從晚上到早上，天將亮，月亮快消失了，往事和無限祈願，好像也跟著一起落空。還有更多不同的聯想呢！這陰晴圓缺的月，還會讓我們生起什麼樣的感覺？

柑仔店購物籃

又到了提起柑仔店購物籃大採購的時候囉！記住，不必全部揀選，挑一些我們最喜歡的「月亮」口味，就可以在任何剛剛好的時間，流回心裡，慢慢回溫。

一、藏在月亮裡的祕密

1. 廖博宇：月亮裡有一棵生命樹，這是世界的開端，整個月球充滿生機，具有強烈的神話感。
2. 黃永康：有一位無所不知的遠古蠻荒人，一口又一口，在大家不注意的時候，吃掉了月亮。

3.黃政文：嫦娥在月球生活得太久了，她和搗藥的玉兔，一起改良長生不老藥，變成穿梭太空的時空神奇藥。

4.張見安：嫦娥陪著吳剛，大家同心協力砍下桂樹，打破了吳剛伐桂的千年魔咒！

5.黃鈺豐：一隻裝著彈簧義肢的熊，孤獨的在月球上捕捉食人魚。

6.黃鈺翎：月亮中有七彩泉水，每種顏色都有不同的功能與風景。

7.張知云：月球上有一座特別的游泳池，一旦有人進入泳池中，空中就會產生一道彩虹。

二、關於月亮的想像

1.黃劭萌：月亮穿著閃閃發亮的盔甲，騎上閃耀的光芒，正是夜晚中最美的月光騎士。

2.呂柔瑾：月亮是一位老人，黃黃的圓臉，帶著陰影的鬍渣。

3.徐丞妍：神祕的月光樹，讓各式星葉子紛飛在天空上，成為星星，圓月和彎月都成為環抱著星葉子的溫暖搖船。

4.曾子芹：月亮、星星和太陽、雲朵都是好同事，早、晚班一起輪值，熱鬧地打扮白天與黑夜，讓大地生生不息。

5.楊皓宇：月亮和星星一起在夜空中合作，演出一齣動人的歌劇，讓寂寥的夜空，增添了藝術的美感和動態的生命情調！

三、月亮的陪伴和守護

1.宋秉軒：高掛在天空的月亮，是我們成長路上靜靜佇立的一盞街燈。

2.卓世桓：和爸爸的散步，回憶總是在漆黑的夜暗裡，凝視著月亮上的陰影。

3.張祐瑋：人與人之間在月光下拉近距離，月亮化身友愛之神，讓回憶變得更美更溫柔。

4.郭子婕：月色營造一段山林探險，走入銀霧鋪設的夢幻世界，一場難忘的回憶。

5.吳以安：在失落的谷底仰望天空，沐浴月光，重拾信心與勇氣。

6.郭泓堯：伸出雙手想要抓住月亮卻又無法辦到，像夢想一般遙遠！

7.劉澤義：在月夜的湖面上，自我的凝視，可以召喚最溫柔的想像。

8.林沛筠：最脆弱的時刻，留心天地萬物，察覺天地有情的美麗，勾勒出動人的月夜凝想。

9.禹賢昀：每當月亮逐漸轉為新月，代表又分出一點自己的力量給這個世界；月亮與太陽，有各自的美好，我們才能共享溫暖。

10.呂定翰：月亮恆常，人類卻如此好戰，我們要以大愛回報天地之美。

〈月芽兒〉☆陳湘文，林森國小六年級

小時候，我害怕漆黑的夜晚，以為自己就要被黑暗吞食，再也看不見任何色彩，所以當天空中出現一彎月牙兒，我就會非常興奮，睡覺的時候，也會睡得比較安穩。

一直到現在，我還是好愛好愛月牙兒，它給我一種親切感，只要看著它，就彷彿看到了小時候所經歷過的點點滴滴，然後回憶起小時候和朋友、老師相處的情形。我知道月牙兒會長大成為滿月，我們也會長大，而那些從小到大所受到的委屈和傷心、生氣，我都會向黑夜裡悄悄出現的月牙兒訴說，雖然它聽不見，但是我總覺得只要向它訴苦完了，我就會感到很安心。

雖然有時天空中沒有月光，我還是滿心期待它的突然出現，因為在這些少了月光的時間裡，我會感覺自己好像又重新回到小時候那個膽小、怕黑的自己，直到它再一次出現，我的心裡才會覺得安定。

然而，隨著年紀越來越大，到現在，我六年級了，發現自己，已經長大、變得不一樣了。我知道，夜晚只是天變黑了，並不是代表世界就要毀

滅，也不代表我就要被黑暗吞食，我可以不必再依賴小小的一彎月牙兒，

而是可以勇敢的一個人抵抗黑暗了。

作文練習題目〈月光〉

3

瞧，花的3D表演！

習慣用「鳥語花香」表現春日復甦、用「秋高氣爽」凸顯秋日新裝的作文，都是批發量產的連鎖流行，反而不像柑仔店的活力十足，充滿著季節更迭背後的生鮮燦爛。所以，還是**試著少用成語，養成習慣，放慢速度，觀察、享受，在土地的繽紛繁華中，想像著無可侷限的生命活力。**

當寒冬漸融，春天就從櫻花的絢爛、四地草花的瀲灩，慢慢穿上一件溫暖的新衣服；而後交由預告著盛夏即將接棒的流蘇、桐花、木棉，一路展示著顏色和芬芳交響的「大自然博覽會」；一直延續到夏日的花繁色豔，一串又一串的鳳凰花、阿勃勒，遍樹華燦的相思子、苦楝樹、台灣欒樹……在炎熱的高溫裡，耗盡全身力量在爭奇鬥艷。

到了季節轉換的時候，花的綻放，變得非常敏銳。只要仔細觀察，就可以發現，在光譜上跑得比較慢、也比較短的藍紫光，在秋天，一點點、一點點地抓住金陽，擁抱著陽光的能量，不顧一切盛放，使得秋日庭園、路樹或者是路邊的蔓草野藤，渲染出一大片又一大片浪漫的紫花。

當我們走路的時候、旅行的時候，如何把眼前這些即將進入寒冬之前的美麗，認真記錄下來呢？

首先，一定要記得，用電影般的「特寫鏡頭」，打敗「平板的開頭」，更要用新鮮生動的「**描寫**」，打敗只是流水帳堆疊出來的平淡「**說明**」，接著透過強烈深刻的生活故事、情緒感覺和態度見解，找出「新鮮的角度」做切入點，替我們觀察到的事物做聯想、想像的練習。

慢慢地，我們會發現，在「固定的現實」中建立起「活潑的想像」以後，很容易就可以打敗作文敵人，增添文字的曲折變化，從「**觀察**」、「**聯想**」，繼而加入更多的「**動態**」變化。動態效果，像「文字電影院」的特效，開展出極具個性的「3D表演」，凸顯出奇幻力量：小花抬起頭來，喝著清風雨露；每朵花，急著張開嘴巴唱歌；花蕾打開了及時行樂的窗戶，把害怕冬眠的人們，帶入了華麗的殿堂；花瓣打開夢想的隧道，吸進所有美麗幻想；玫瑰釀造著甜蜜和幸福，讓人生得到了希望和光彩；九重葛收集著整個夏天的熱情，到了秋天，才讓所有的美麗再次綻放……。

瞧！這些動詞，是不是創造出驚人的力量？現在，我們也透過花，結合更多的作文素材，運用動詞，來一場柑仔店特別招待的「3D表演」。

柑仔店魔法

1. 花和草原，是最自然的寫作發想：

每一朵花，滑過每一片葉子，注入甜蜜的溫暖，讓草原張開長長的手，讓每一個疲倦的旅人，躺進懷裡，讓每一顆受傷的心都得到安慰。

2. 花是不會飛的蝴蝶，蝴蝶是會飛的花，靜態的花，襯上動態的蝴蝶，就可以延伸出更多的心情和感觸，看到這些「具體的畫面」，我們就會生出「抽象的警惕」，讓自己獲得啟示，要扎實努力，不要變成「趕路蝴蝶」，成為一種結合「畫面」和「動態」的精彩象徵，真棒！

蝴蝶這個趕路的旅人，在百花旅館中飛舞，走走停停，補充完體力就飛往下一個花叢，永遠不肯安定下來，像每一場沒有下過苦功的臨時抱佛腳，考完試，什麼都沒學到，短暫的營養都用完了。

3.為了凸顯出立體效果，也可以從「黑暗」中表現出花的明亮：花朵傾生命全力呼喊，讓光明圍捕了清冷的黑暗，讓夢張開眼睛，看見了人間最美的光芒。

柑仔店購物籃

這一次的柑仔店購物籃，裝的可都是又香又美的鮮花啊！花卉從北宋才開始形成節日，農曆二月十五日成為百花的生日，我們稱為「花朝」，和農曆八月十五日的「月夕」呼應。所以，春分迎接春天時，我們都應該讓孩子們寫一篇〈百花生日〉，光看著這四個字，心情都會變開心。

孩子們也如一朵又一朵稚嫩的花苞，在文字裡，開展出百花般芬馥鮮豔的各種可能。

〈百花生日〉☆于凡皓，一年級

我們今天吃花生，總共買了兩大包的花生。從前有一個「花生國」，裡面都是花生，裡面的動物都只吃花生，連穿山甲的麟片都是花生做的，等下雨的時候就會變成花生，一百個花生一起過生日。

〈百花生日〉☆徐丞妍，二年級

小花呀小花，在春天為自己許個願望，杜鵑花媽媽唱著，今天是小花的生日，也是每一朵花的生日。

花的生日，就是要爬出自己的棉被，伸個懶腰，讓自己的花瓣盛開，每一朵小花都會在同一種季節盛開，和蝴蝶、蜜蜂一起跳舞，和大樹爺爺作伴。

社區空地被我們清理乾淨，插上一條條竹竿，邀請牽牛花。牽牛花爬上竹竿，在上面邊跳著扭扭舞邊看著我們玩遊戲。

好多花都生日，走在大街上，看著路邊的花都開了，好像在跟我說早安，我的心情就一起盛開了。

〈百花生日〉☆郭宥廷，三年級

在春天的某個瞬間，世界上所有的花都開了，大家看到這美麗景色，有人把它拍下來，有人讓空拍機飛到天空上，從空拍機往下看，有一片很大很大的花海，有些人把百花盛開製作成影片，讓大家都可以看到「百花生日」。

這些花非常漂亮，有些人心情不好就會來這裡看花，當然，心情也變得非常好，這個花海還有很多用途，像是：放鬆心情……都很有用。

過了一年，大家都在幫每一朵花慶生，有一朵已經開了七十幾年的「花阿公」說：「我要許願！但我只要許一個願就是希望人類天天幫我澆水讓我活到兩百歲！」這個「花阿公」就活到了兩百歲。

〈百花生日〉☆程子庭，三年級

每一朵小花盛開的樣子都不同，不過我看最美的花是朱槿，朱槿是一朵紅色的花兒，就像大火燃燒，洋溢著熱情。

百花的生日在春天的中間，也就是農曆二月十五日，所有的花都是跳舞女孩，花在水面上是輕盈的女孩，隨水漂流，在莖上的花苞是沉睡的女孩，漂流的花隨風旅行，等到想要去下面時，隨風離開，就到了在地上的花，變出最好的時候給人拍照，是個愛美的女孩，雖然一下子路人就走了，不過花兒還是很開心。

所有的花都要消失了，因為太多人在摘花，但只要好好愛護，它就不會消失，所以我們要好好愛惜花兒，讓花度過每一個美好的百花生日。

我們要讓花變成最美的風景，珍惜花，讓花變成我們最好的朋友，也把花的種子繁衍下去，交給下一代更好的風景。

作文練習題目〈百花生日〉

4

捕捉看不見的風

只要秋天一靠近，「盛夏軍團」就會卸下炎熱高溫的「攻擊槍」，送來幾份「好天氣」禮盒，這就是神奇寫作柑仔店最後新奇小物上貨架的時候。涼涼的風吹了過來，衣衫飄著飛著，心也跟著四處飄飛，隨時渴望帶著好心情，到郊外走走逛逛，這時，有沒有機會注意到，田野裡漸熟的稻子，隨著風的來去，波浪般翻騰起伏，好美，也好壯觀。

當我們記錄著「**風好大，稻穗成熟後都彎下去了**」，這是「**說明**」一件事實；如果我們可以像導演一樣，指揮著如同「電影畫面」裡的寬闊場景，把藏著稻浪底層千萬種匍匐的角色和情緒挖掘出來，寫出熱鬧的人物和場景，注入我們自己的感情和見解，這就是「**描寫**」的魅力。

當風吹過稻子時，聲勢驚人，我們可以把「風」特寫成放大的主角，讓「稻子」淡化成搭配的背景，像「風掉了十塊錢，稻子拼命替他去找」、「風是黑社會的老大，稻子很怕他，低下頭來不敢講話」、「風是一個暴君，每次出巡，就把稻子當毯子，踩得他們哇哇大哭」，這些強與弱的對照，強化了風的存在感。

有時候，我們可以在想像世界裡，開一場「化妝舞會」，讓風變換成各種角色上台表演：「風小弟講了個笑話，稻子們都笑彎了腰」、「溫柔的風像媽媽一樣，安撫稻子睡覺」、「風是一個老師，稻子學生都要向他敬禮」、「風是出巡的大老闆，稻子這群偷懶的工人，都低頭假裝工作」、

「風先生是個偉人，稻子們向他彎腰致敬」。

更棒的表演，莫過於讓文字裡的每一種素材，都可以找到剛剛好的「切入點」，深入而多層次地切換著相應又相生的不同面貌：「風先生邀請稻子小姐跳舞，她卻不好意思地低下頭來」、「風是惡魔，稻子在風來時驚慌的躲了起來，稻子的靈魂被抽掉一些就倒下來，過一會才顫巍巍的重新站了起來」、「風和稻子是好朋友，每次風來，稻子都高興的點頭迎接，他們玩著躲貓貓，風一過來，稻子就低頭躲好」。

柑仔店魔法

說明的文字簡潔明確，是大賣場式的「統一販賣」；描寫的文字生動新鮮，是柑仔店魔法式的「活潑細膩」。

試著比較這兩組文字的差異：從「**吵死了**」到「那種喧鬧，是瑣碎的，像利爪刨土的聲音，切哩利，切哩利，怕連地裡的死人都不耐煩的活過來」；從「**石頭好多**」到「腳踩下去，幾乎沒有逃躲的地方，那些石頭就急切的浹進趾間，還來不及喊痛，下一批石頭又擠了進來」；從「**笑得好厲害**」到「本來臉上是軟鬆鬆的肌肉，因為笑，拉出了無數條陷在肌肉裡的細紋，連笑咪咪的眼睛，都變成這無數條細紋中最清楚的兩條」。

再想一想，「描寫」的字句比「說明」的字句，多了些什麼？我們還可以蔓延出多少種不同的聯想？拿出紙筆，試著把我們所觀察到的這些「記憶現場」，從枯燥乾澀的「說明」，豐潤成細膩豐富的「描寫」，讓我們的作文，同樣也翻演在想像世界裡，成為充滿樂趣的遊戲：

1. 越來越涼的夜裡，為什麼遙遠的天狼星越來越亮？

2. 在教室裡考試的同學們，各種不同的表情，像什麼呢？

柑仔店購物籃

唉唷，我們的柑仔店購物籃，怎麼到處「漏風」啊！

風吹起整個冬季，冷冽掃進骨子裡；風吹來了春天，枝枒搖曳繁花舒展；風送來了夏天，濡濕的，在肌膚上細細地罩上一層悶熱；風帶來了秋季，金風流洩，吹起豐收盛宴。小心啊！柑仔店購物籃拿好，風太大了，要把這些有趣又花樣百出的構想，好好收存。風的湧動，最適合讓我們追逐綠意盎然的公園、清波旋繞的池塘、老樹和新葉的溫柔對話，還有洋溢在天地之間的凋零和希望，小狗的追趕，滴在蝴蝶羽翼上的露滴，收藏在扉頁裡的樹葉……

一、大自然的生機

1. **黃劭萌**：剛破蛹的蝴蝶，在風中，顯得這麼脆弱，卻還是奮力舞動著帶著些濕氣的翅膀，一次次嘗試，最終飛向天際，隨著飛去的身影，微風輕輕喚醒小草，原野上花朵綻放，春天來了。

2. **林雅婕**：氣溫回暖，公園裡的小狗兒追著風，拼命要比一比，到底是誰跑得比較快！

3. **許雯媛**：鳥兒為了替鳥寶寶築巢，沒有任何遲疑，迅速在風中啣起小樹枝。

4. **謝茝語**：在溼冷的山霧中，點點的紅櫻花，隨著清風漫天飛舞，坐在販賣機上的頑皮獼猴，讓弟弟加速將手上玉米吃光的逗趣互動，為回憶抹上更多笑容。

5. **楊皓宇**：滿天的蒲公英飛散了，到處去流浪，直到風停下來，才能悄悄靠近一朵花，輕輕嗅聞著這個世界的溫暖。

二、生活中的隱喻

1. **黃鈺翎**：涼涼的風從窗邊吹來，遠遠看著一片綠油油的大草原，有幾隻小鳥在飛翔，大風一吹過去，小鳥的羽毛輕飄飄的飛到很遠的地方，都沒有落地，不知道自己該到哪裡好，感覺我是那根羽毛，很自由的飄到不知名的地方。我越過河川、花園、田野、楓林，還有看到小火車穿過山洞裡，全世界好像都看著我，好像我很威風，心情超快樂，我要飛起來，我越來越輕，生命彷彿有了翅膀而飛起來。

2. **張知云**：我們的心，是人體最重要的「能量」，心如果能夠閃閃發光，就有信心，迎向人生的風。要是光芒變弱，就得提醒自己，努力讓充電量變回100%，才能找回力量！愛心會飛，搧起我們對世界的真誠與坦率，無論風有多大，都不能阻擋我們追求無悔的生命態度。

3. **呂柔瑾**：每一次吃外面的料理，不必等到風起，錢就急著飛走，一去，就回不來，像空氣一般從指縫間飄離我的視線，飛到了新的主人身邊。

〈風在畫畫〉☆林士雅，一年級

哇！好溫暖的春天，我走到公園坐在翹翹板上搖啊搖，吹著舒服的風，風好像在畫畫。

因為風，東飄飄西飄飄，每到一個地方，它的作品就在哪裡，而且風的畫跟一般的畫不一樣喔！風畫的畫冷冷的，每當夏天的時候，風都躲在自己的洞穴裡，因為夏天太陽公公會出來，風怕被太陽公公給熱死，所以風不敢出來畫畫。

到了春天，風就會試著走出洞穴畫畫，因為春天的時候也會有一點太陽，所以風只能輕輕地畫畫；到了秋天，風就可以輕輕鬆鬆地走出來畫畫；到了冬天，風就可以大膽地畫畫。等到了颱風的時候，風就會得意忘形地出來畫畫，害樹都倒了下來。

我覺得風好有趣，可以照著春夏秋冬四季來畫畫。

作文練習題目〈風〉

5

樹葉掉落了以後

從神奇寫作柑仔店的窗口探出去，這個最美麗的心世界，到處都是寫作素材。透過每天一早就能看見的「太陽電影院」，學會用「**特寫鏡頭**」，打破平板的開頭；觀察月亮的陰晴圓缺，發現生活小細節，深化「**語感**」，區別感覺差異；捕捉看不見的風，從「說明」轉型到「**描寫**」，再也不使用「然後」、「後來」、「就」、「又」……這些重複的連接詞，想到哪寫到哪，把有趣又有意思的生活過程，壓扁成「流水帳」這個最可怕的作文敵人；再從花的「3D表演」中，找到「**動態**」的翻新力量，我們的

「心」，都一起變美麗了呢！

最後，在寫作時，還是要記得，一定要多多走到戶外，感受太陽的熱度、吹吹風、看看花。記得唷！撿一片葉子，仔細看清楚葉面上的顏色、摺痕，以及每一個小小的蛀洞和缺口，這就是我們最神奇的「寫作通道」，每一件平凡的人、事、物，因為仔細的觀察，找到許多別人注意不到的小地方，加上我們自己的聯想，就可以找到真實的感情、新鮮的角度和特殊的見解。

有沒有注意到，樹葉變黃、變紅，還出現了或多或少的斑點，想想看，為什麼？透過我們的想像，有沒有更多不同的解釋？是夏日太陽用金黃的陽光做顏料，在秋日變涼以前，在由黃轉紅的葉子上，畫出「溫度」？還是喜歡在月光下淋浴的小草，把又涼又滑的月光，一起潑在樹葉上，讓一樹的嫩綠都慢慢褪色？或者是楓葉收集著整個夏天的熱情，到了秋天，才有力氣，讓所有的美麗迸放？

那些飄飛的落葉，藏著什麼樣的故事呢？是不是去年落下的楓葉，染紅了大地，今年的葉子，更要在空中盤旋，再多轉個兩圈，像對世間的無限眷戀，然後才慢慢掉了下來；會不會是寂寞的秋風，等著和葉子玩捉迷藏，趁葉子不注意時帶著它到處旅行，直到累垮了，慢慢掉落在草地上休息，等待著下一次起風，繼續去旅行？

柑仔店魔法

想一想，我們還可以如何透過「**畫面的特寫**」、「**動態的力量**」，再注入「**獨特的感情和見解**」，描寫出「葉子在風中慢慢落下」呢？

1. 葉子在風中慢慢落下，我們在書頁中夾著這片葉子，複習著我們閱讀過、創作過的一字一句。

2. 才進入秋天，不知何時，樹上的葉子已經掉光，濃密的夏服，裁成單調的秋裝，把寒冷傳到心底。人生中的每一次機會，就像那些葉子一樣，如果不好好把握，都會離我們而去。

3. 一陣又一陣的風，在樹旁快速吹著，生機和活力都和樹葉一起，飄到很遠的地方去了。

4. 秋風從樹上把樹葉掃落，被掃落的樹葉，從高處飄向有如老人皮膚的水面，葉子被小河帶到遙遠的地方去。

5. 最後一片枯黃的葉片，抓緊樹枝不放，可是仍被狂風掃落，只能乘著旋風，跳出生命的最後一支舞。好怕最後一片葉子落下，像最後一個希望也落下來了，失落的心情隨著葉子掉下來，慢慢被人們遺忘。

6. 樹葉落了以後，枯木變成溫柔的老人，默默的站在那裡，曾經翠綠的山路，成為在心裡的回憶。但是，我們都不必擔心，在前方等著我們的，永遠是下一個美麗的季節。

柑仔店購物籃

別說我騙你，這真的是神奇的柑仔店購物籃，我們把神祕的四季都裝進來了！

〈春韻〉☆**劉倚廷**，六年級

每一棵大樹，從種子發芽到葉子落下，總會有一些遺憾。我成為一片小小的葉子，看似沒什麼特別，但我卻十分重要。大樹讓我落下，是因為它需要葉子隨著春天的飛舞和告別，快樂地執行各項任務。

或許落下，會遭遇永遠無法料想的事。有得必有失，身為一片葉子，為了報恩我可以不顧危險，一路往前走。

〈夏音〉☆**簡毓萱**，七年級

手裡握著一把鮮紅色的美工刀，輕輕的、輕輕的放在手腕上，慢慢施加壓力，緩緩劃下。

樹葉落了，蟬聲唧唧，窗外的大家似乎各個都散發著快樂的光芒，再多的壓力，好似都壓不倒他們，洋溢著笑容的他們，讓人好羨慕呀！

教室裡嘈雜的交談聲此起彼落，她，彷彿置身於蟬鳴不斷的樹林間，耳中充滿聲響，卻只感覺到無止盡的寂靜。沒有人聽得到她的話語，也沒有人用心聆聽她那疲倦、無聲又淒慘的吶喊……。血，從泛白的刀痕滲出，一滴、兩滴……。

她甦醒過來，抹去夢中的蒼白，勇敢的笑了！儘管有千萬種壓力，她在蟬音裡，聽見奮鬥的力量，並且可以唱出自己的聲音。

〈秋律〉☆范姜以晴，五年級

秋天的葉子慢慢轉紅，跟著慢慢掉落。小小的楓葉想到地上冒險，所以他希望可以快點掉到地上，不過，一天天過去了，他不再掙脫，也覺得夢想實現不了。

有一天，他落下了，但因為落下時太老，所以他覺得沒辦法再冒險了，只能結束一生。不過，當他落下成為滋養，又變回以前的樣子，所以一直經歷著反覆的冒險。

直到有一天，被一陣風帶走。在那陣風裡，就是他最棒、其實也是最後的冒險。

〈秋律〉☆張立宗，六年級

秋天的葉子，被人們踩著，但葉子從來沒輸過，而是讓秋天的葉子，一直一直被風吹走，形成規律。

風以為自己贏了，不知道葉子一點一點的努力，累積土地營養，把機會留給更努力的人。

在葉子跟風的比賽中，整座山都變紅了，讓葉子跟風不要再繼續比賽，而是讓秋天化成熱情，當葉子被踩過時，更多的滋養，讓更多的樹有活的機會，讓下一個春甦的葉子，活得更健康。

〈秋律〉☆簡毓萱，七年級

我在烈陽下，不斷跑著。炙熱的陽光落在後頸上，照得我脖子一陣發疼，四周的道路落滿乾枯、了無生氣的枯葉，它們纏著殘破不堪、以詭異型態設置兩旁的鐵絲網，構成令人心生不安的畫面，前方有個漆黑的山洞，陰森的，我試著把腳步停下來，但一股莫名的力量卻驅使我不斷向前。

就在快撐不下去時，一股力量將我反彈回去，我又回到原點……。

「吼！這遊戲場景怎麼有『秋老虎』這種東西啦！」小明憤怒的敲擊鍵盤，重新按下「開始」鍵。

我在烈陽下，不斷跑著……。

〈秋律〉☆林芝生，九年級

冷風，捎來一片又一片葉子，在我的面前落下。

那是一片奇特的葉子，一半青，一半紅。好像一個年輕人，青春才正開始繁盛，被迫成熟，夾在那中間，又被強行收割。

「那不過是一片葉子。」我想著，然後繼續走我自己的路。

〈冬聲〉☆趙昀剴，五年級

一棵樹的葉子已緩緩變老，準備落下，成為大樹的飼料，但是，有片葉子正在努力吸收養分，希望能好好活到下一年……。

此時，住在樹中的松鼠正在準備冬眠，跑上跑下，看到一片尚未落下的葉子正在垂死掙扎，不禁搖頭了兩下，本想勸阻，卻怕傷到他們，因此放棄了。

到了冬季，本以為可以保留在樹上的葉子全掉光了，只剩下一片孤單的葉子。他發現孤獨一人，無事可做，而且無聊，終於領悟到人生就是一艘船，不出航就成了「廢物」。

他決定離開樹枝、隨風飄動到地上，與朋友談天說地，直到成為飼料。

作文練習題目〈我最愛的季節〉

Part 2

植物
是生命魔法

1 細膩的觀察、看見美好的眼睛！

　　春天的手，一邊用五顏六色的鮮黃、粉紫、嫩綠、潤紅，妝點著剛剛起床的新世界，一邊又熱情地推開「神奇寫作柑仔店」的大門，自告奮勇地參與店面設計。從秋寒歷經嚴冬，一朵又一朵瑪格麗特，爆炸頭般盛開，每一片花瓣像太陽光芒，堅持著美麗和溫暖，一直撐到春甦，安安靜靜地在土地上畫出希望；再仔細觀察一下，那些不開花的綠葉，橢圓形的葉片，裂生如翠色羽毛，有淺裂、深裂，甚至幾近全裂，在繁複曲折中，簡直可以寫一篇充滿冒險和驚奇的童話故事。

接棒在「柑仔店」周邊土地表演的，就是梅花和櫻花。這些美麗的花國精靈，都和玫瑰一樣屬於「薔薇科」，花筒有杯形、盤形或壺形，輪狀排列出輻射對稱的序列，讓我們集中視野，在輕薄透光的花瓣中，觀察得越仔細，就越能感受到一種「反覆螺旋的小宇宙」，衍生出各種不同的想像。

擠在「寫作柑仔店」的孩子們，總喜歡熱鬧地辯論，有人喜歡梅花熬到最冷的天氣裡才冒出來，傲霜鬥雪，與松、竹、梅並列為「歲寒三友」，充滿積極正向的陽剛奮鬥，像俠客、君子，更像寧靜高遠的隱士。枝椏疏落，總是落盡了葉子才開花，素淨的花瓣，襯出花蕊微紅、黃或綠的淡色，分外雅致，風起時花瓣如雨，好像可以洗去我們的疲倦、悲傷和頹喪，像哲理寓言，讓生命重新昂揚而美麗。

有的人喜歡賞櫻，櫻花綻在枝頭，岔生出三五朵，花瓣尖端會裂出殘缺又繽紛的美感，最特別的是，櫻花的花型，多半往下垂，所以盡量不要修剪，讓枝幹竄長越高，越能看出花形之美。櫻花樹花葉互生，花期很短，盛開時絢爛成一樹繁華，凋謝時，不是幾朵幾朵慢慢凋零，而是一日一夜全部散落，像一篇奇幻小說，驟開驟謝，宛如夢境，有人覺得悲愴、有人覺得壯烈，有人覺得果斷，別具英雄色彩。

注意到了嗎？在「寫作柑仔店」特別容易發現一些極具特色的物件，像是花葉、枝枒，搖曳的風，流動的雲，以及各種向天拔起的姿態……這些到處都快滿出來的小物雜貨，只要稍加「**細膩的觀察**」，就可以自由選取；再倒進「**真實的情感**」和「**清新的想像**」，就能形成「**獨特的畫面**」，然後在這些讓人難忘的感性剪輯中，融入理性的思考，對照我們一路走來的記憶和情緒，有一些失落和悲傷需要整理，有一些美麗和甜蜜值得珍惜，慢慢就能彙整出「**成長的哲理**」，讓我們找出合理的方向，以及各種有效的做法，通往自己更喜歡的未來。

透過植物的觀察和寫作，培養美感，在各種顏色、芬芳和姿態變化中，感受到深沉歡愉，並且找到情感上的滿足和寄託，我們就在「寫作柑仔店」裡，研究出一個又一個美麗的生命魔法，紓壓，寧靜，讓所有的人可以自然感受到天地之間的生態平衡，在文字中找到希望和力量。

柑仔店魔法

這個「神奇寫作柑仔店」的購物經驗，非常特別喔！不用代幣，只要好好運用自己的「觀察」能力，就可以滿足全部的渴望。首先，我們先想像著攝影鏡頭，停格在一個固定的「**觀景窗**」，認真找出各種小細節，準備好「和別人不一樣」的作文材料，接著就可以好好觀察、選材：

1. 一棵很喜歡的大樹，選擇其中一枝自己覺得很特別的枝枒，找出至少五個小細節，像枝幹上的凸點、樹葉邊緣的顏色、想像著陽光剛剛醒來的樣子……
2. 在家裡或學校，固定觀察最習慣的一株植物，連續五天，找出不同的變化。
3. 準備一本小筆記，畫出自己喜歡的植物，因為要豐富版面配置，可以更加注意小細節。

柑仔店購物籃

接下來，檢查一下這些作文，哪一篇是自己最喜歡的？不要忘了放進柑仔店購物籃，可以常常拿出來欣賞一下喔！

〈種綠豆〉☆舒昊，二年級

種綠豆是一件忙碌的事情，因為每一顆綠豆都是一個綠色的小寶寶，當它要喝奶的時候，它就用手去扒開它的嘴巴，說：「我要喝奶！」我就會幫它澆奶水，等到它慢慢長到發芽了，它就會開始喝正常的水，然後它就會長得很快。

等到小綠豆長到一個月大的時候，它開始要喝更多的水，這樣它才會長得很快。不過，其實綠豆長得很慢，沒有耐心的人不可以種。我的綠豆很好玩，我每天早上都會去看它，每次都會跟它比賽看誰先起床，每次都是它贏，因為綠豆只要休息一下下，不用睡覺。

有一天，我的綠豆要跟別的綠豆結婚了，結完婚就要生小寶寶，我的綠豆也是跟人一樣必須先懷孕十個月，我想它會生很多，結果它生很少。我還是相信它，所以再拿它的小寶寶去種，不過，它的小寶寶都不聽我的話。

我覺得綠豆很難纏，幸好我沒種很多，要不然我太辛苦了。

〈我是小園丁〉☆蘇郁文，三年級

我眼前有很多花朵，它們在我的花園裡快樂的生長。因為我很細心的為它們澆水、施肥、清理環境，把它們照顧得無微不至，每一株植物都很健康。

有許多小動物也會來我的花園玩，並把這個地方告訴其他小動物。因此，愈來愈多小動物來我的花園，花園變成動物們的遊樂園。我除了當小園丁，還要當遊樂園的管理員。花園，一天比一天熱鬧。而小動物也會幫我照顧植物，還會帶來一些種子，等到種子發芽、開花，花園有更多色彩。

花也會說話，只不過一般人聽不見它們的悄悄話。不過，我聽得見。我會用心對花說話，這是只有用心的小園丁才會說的特殊語言。所以，我知道有一些叫做「蚜蟲」的討厭小蟲，牠們總是啃食植物的葉子，讓植物們不舒服，但是我又不想噴灑農藥，讓小花和葉子身上有臭臭的味道，所以我放了一些會吃蚜蟲的昆蟲——瓢蟲，來當小花們的衛兵。

因為有了這些昆蟲和小動物，使我的花園植物更多了。所以，我的花園除了下雨天之外，天天都很熱鬧。

〈種一株薰衣草〉☆馬唯真，五年級

小小的薰衣草種子，才剛出現細小的嫩芽，在陽光的照耀下，顯得更加鮮綠。

剛從被窩裡起床的我，原本抱怨著走向餐桌，但是，一看見那剛冒出來的小小嫩芽，心情就隨著它慢慢好轉，想到它即將變成那有著紫色細小的美麗花朵時，就不禁露出興奮的笑容。我靜靜的望著它那鮮綠的小幼芽時，它好像也同時望著我並且露出它可愛甜美的微笑。風輕輕的吹著，小幼芽也跟著慢慢的搖擺著，彷彿風是它的伴奏者，而小幼芽是那引人注目的舞者。

每一天，在太陽剛升起的時刻，我就會幫它澆水，帶它去晒太陽，看淡淡的金線，在葉片上閃耀著晶瑩的亮光。隨著我天天細心的照顧，它終於開出細細的紫花，成為那美麗動人的薰衣草。每個早晨，當涼風吹起那淡淡的幽香，慢慢飄入我的房間把我喚醒，就覺得心情跟著變得香香、甜甜的。

隨著日子一天天的過去，它不再仰起它的頭了。有一天黃昏，我看見它紫色的花瓣悄悄掉落，當花瓣掉落的那一刻，我的眼淚也同時滑落，我知道，從那一天起，我再也不會靜靜的望著它了。後來，我再也不種花了，因為從那時起，我才了解失去好友的痛苦，如果使它們離開我們，就表示我們沒有把它照顧好，所以，它們離開我們，讓我們深刻了解到生命的可貴。

作文練習題目〈送給□□一朵花〉

（送給風一朵花／送給蝴蝶一朵花／送給媽媽一朵花／送給未來的我一朵花……，自由命題）

2

真實的情感，愛了就是一輩子！

每一間「寫作柑仔店」，都會有最適合的客人剛好走了進來。喜歡住寬敞、優雅，帶著點浪漫情懷的王子公主式屋子，就得用白石頭、圓拱門來做材料；相反的，如果愛寧靜、舒適、放鬆的氣氛，就得採用原木和紙板門。因為選用的材料不同，自然就流露出迥異的風格，同時也吸引了不同的人。

文字也是這樣，帶著各自獨立的不同性格，才能表現出真實的感情。

當我們專注地走向植物世界，無論觀察得多麼細膩，這些具有共同性的

「客觀外在」，想要表現出充滿個性的「主觀內在」，一定要加進「真實的情感」，才能讓文字讀起來特別新鮮生動。

文字性格，就是展露情感的「個性柑仔店」，每一種不同偏向，都能在迥異的情感密度和濃度裡，找到最喜歡的作品。仔細在寫作柑仔店的不同貨架上，認真閱讀這幾組不同的文字性格，試著在筆記本裡，感受自己喜歡或不喜歡的程度，寫下心得，歸納出不同的特質，比較相互差異：

一、感受一棵樹的成長

1. 長在高山頂峰的神木，非常辛苦。
2. 神木啊！我永遠崇拜您。
3. 神木頂天立地，無論風吹日晒絕不退讓，成為荒原的擎天英雄。

二、感受時間的流動

1.種下一棵小樹，時間過得很快，轉眼都長大了。

2.樹都長大了，流水一般的光陰啊！誰能把你留住呢？

3.每一棵樹，都在流光的訓練中長大，不愛惜光陰，就是浪費生命。

三、感受情感的注入

1.我很喜歡這棵樹，天天陪著我長大。

2.這棵樹好美啊！喜歡極了，是我最好的朋友。

3.這棵樹的成長，充滿勇氣，所以讓人喜歡。

這三組意思相仿的例句裡：貨架1的文句，平鋪直敘，以生活經驗為主，描述事實或狀態，特別適用於記敘文；貨架2的文句，感覺特別濃烈，跳竄大量的語氣詞在加強內心情感，因為太濃烈了，反而不能持久，那種浮面的印象就需要一些具體事實的描述來增強它的說服力，或者是摻進一點點的議論，否則，純粹的抒情文常常會流於濫情；貨架3的文句，收斂情緒，不屬於任何生活經驗，純粹討論普遍現象，提出是非判斷，歸納結論或者演繹說明。

柑仔店魔法

試著感受這三種「花開了」的句子，不同的情感層次：

1. 從山中帶回來的百合球根，在媽媽細心照顧下，一共開了七朵花，遠遠地，浮著一室清香。

2\. 那百合，回應媽媽細心的愛，毫不吝惜地在深濃的暗葉裡抽出花芽，一瓣一瓣，白得耀目，彷彿就要從眼睛裡噴出來，潑得一屋子雪白的香。

3\. 七朵百合，像星星，忠實地站在固定的位置上，風一來，就閃呀閃，而蝴蝶、蜜蜂就是在黑夜裡靠著星星辨識方向的旅人，急著要趕回來。

感覺有什麼差異呢？注意喔，第一種寫法以**記敘句**為主，簡潔明確地透過畫面，說明百合的來源和現況；第二種**抒情句**寫法，在景象描寫中加入更多的感覺和形容，形成新鮮生動的效果；第三種混入**議論句**的寫法，抽離眼前的具體畫面，跳進新鮮的想像，形成一種具有暗示性的「意象」，讓感情表現得更深邃幽遠了。

檢查自己，習慣怎麼表達？是不是覺得還可以練習更多的描寫方式。

柑仔店購物籃

這幾篇小文章，從藏在一棵樹裡的記憶、創作的小樹，到葡萄樹的纍纍甜美，乾脆都一起裝進柑仔店購物籃，無聊時就拿出來玩一玩。

〈有一棵樹〉☆陳奕群，四年級

黑色的夜晚，有棵樹倒了。雨和電混合在一起，打在那棵楓樹上，樹重重的倒在地板上，土塊陷了下去，慢慢的，土又填滿了凹洞。

那棵樹裡存有我和他多年的交情，我們常常玩在一起，小鳥也在大樹

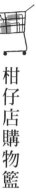

旁邊跳舞和歌唱，小昆蟲也不時在樹旁爬來爬去，但它生病了，雨和病魔慢慢的折磨它，把它生前香香的味道給沖淡了。在它死後就進入冬天，大地一片白白的，所有動物都沉睡了，沒有人在歌唱，好像要讓這棵樹靜靜安眠著。後來，這棵樹被人砍掉，它身上最後的一片葉子也掉光了，好像在跟我說再見，但我們之間的友誼和記憶會永遠存在我的心裡。

如果我們從來沒有見過面的話，我的生活可能會變得非常平凡，因為我無法認真的感受、判斷事情，但自從有這份照顧它的工作後，我的生活也跟著開始有了很大的改變，我開始學會去觀察種種事物的細微變化，即使它走後，我還是會更認真學習。

下雨時，我想起了這些悲傷的回憶，雖然很難過，但我希望我能再種一棵樹，再一次享受種樹的樂趣。

〈小森林〉☆朱奎翰，四年級

創作坊裡面種了好多好多的小樹，像座小森林，小樹一棵比一棵大。

創作坊像個森林保護區，保護所有小樹變成一棵才高八斗的大樹，可是這座小森林裡面有好多的蟲子，例如：流水帳蟲、平板開頭蟲……好險，管理員會把蟲子挑掉，讓我們不會被吃掉，讓這邊變成一座漂亮的森林。

如果沒有勤勞的管理員，我們可能會被這些不好的蟲子吃，我們就長得不好。

我們這座小森林的大樹會離開，可是會把管理員的愛傳到世界各地。

〈葡萄樹〉☆蕭宇茹，五年級

在世界各國都有熱愛及喜歡種植植物的人們，種類包含水果、花朵、樹木及草，根據每個人的個性，各自都有自己不同的選擇。一般看起來最美的是朵朵鮮花，看起來會想滴口水的是水果，而草木看起來很普通，卻都具有更實用、更重要的價值。

種子一旦被種入土裡，也就象徵著它的生命就此展開。一開始只是一個小小的種子，經由陽光、土壤和水分的協助，慢慢從土裡冒出芽來，而後慢慢成長，到最後再藉由昆蟲的幫助來傳宗接代，或是利用自己本身的根、莖、葉，或別的機會來繁衍後代，這是花、草、木的繁衍方式。而葡萄樹，是從一顆顆細小、柔弱的小種子，開始慢慢堅強的忍耐大風大雨，才發出幼苗，到最後、最後，才終於長出了結實纍纍的葡萄。

人們看到這些完美、多汁的葡萄，都會採收下來，拿去賣掉，或是吃掉，完全不知道當我們把它們採下來時，植物本身是多麼的痛，當然也忘記了它們是多麼努力，才製造出如此美好的果實。所以，當我們吃下這一顆顆葡萄時，都要心存感激，感恩它們給我們的鮮甜美好。

一顆顆葡萄，都是一棵棵葡萄樹的孩子，各自擁有背後的一段辛苦故事。當我們種下葡萄時，跟著也擁有陽光、擁有甜美，擁有每一棵葡萄樹所有的美好回憶，這就是我們的幸福。

作文練習題目〈有一棵樹，搖曳在記憶中〉

3

清新的想像，星星在天際閃爍！

植物安靜、友善地呈現自己的形、香、色，同時也慷慨地和時間、地景以及人物的來去，形成最緊密依存的豐富演出，很適合在「**內容選材**」，或者是「**開頭背景**」的經營，形成精彩的切入點，呈現獨特的感性情緒和理性領略，算得上是寫作柑仔店的暢銷小物。不過，在寫作時，一定要多注意「說明」和「描寫」的差別！「**說明**」，好像就是用簡單的鉛筆底稿隨意畫成的包裝紙；「**描寫**」卻放入更多顏色和細部放大的刻繪，做成超級精美的包裝紙，讓人一眼就愛上。

除非在記敘文裡需要一種冷靜的醞釀來對照最後的情感迸裂，或者在論說文舉證裡必須精簡段落，否則，詳細描寫的記敘句、情感濃烈的抒情句和普遍說理的議論句，盡量都不要單獨存在，而是從記敘、抒情和議論中選擇一個主述調子，再摻進不同比例的文字性格，有細膩的描寫、有情感的鋪設，也有議論的深沉思索，像神奇柑仔店想要推出新商品，就會在化學實驗室裡小心地透過燒杯融合、淬鍊、改變。

從「說明」轉為「描寫」時，更能融會眼前場景和心中意象，讓文字蹦撞出一種新鮮、流動的變化，如星星在天際閃爍，每一線光焰都能通往無限遼闊的遠方，才能鍊造出「和別人不一樣」的創意。這些清新的想像，奠基在**對真實生活的珍惜**，**對感覺情緒的凝視**，以及**對見解和選擇的反覆推敲和判斷**，才能找到豐富的作文材料。

學會運用「**聯想**」，就能精巧地從這個材料連接到那個材料，從一件事引發到另一件事，就不會在一件事上翻來覆去說不停，反而會像溪流一樣，有一種流動的感覺，有時快、有時慢、時而春花絢爛、時而秋葉蜿蜒，這些層出不窮的變化，豐富了作品帶來的驚奇感。

寫作文時，有三種非常好用的聯想法：「**接近**」、「**對比**」、「**相似**」。

「**接近聯想**」是一種日常生活的本能，經由時間和空間上的靠近，由「從前」想到「現在」，由「春天」想到「櫻花」、想到「落雨」想到即將靠近的「盛夏」，也許還會從一顆小種子鑽出地面想到努力長大的孩子，為細膩的觀察注入深刻的感情。

接著進一步推向「**相似聯想**」，由形象或性質類似引出更豐富的想法。從「小種子」和「孩子」的關聯，聯想到每一個孩子在學習的土壤裡拼命爭取營養；從一片葉子的飄零，看見情感的爭執和消失；從一朵花的花開花謝，聯想起人生的圓滿和失落。

最後靠「**對比聯想**」形成相對、相反的關係，感覺特別強烈。由近而遠，由內而外；由原因想到結果；當別人以「櫻桃小嘴」形容美女，很快用「西瓜大嘴」來形容隔壁班的男生；當大家沉緬在「英國的風雨夜」裡，我們可能乘著想像的金馬車飛到「陽光燦爛的非洲大草原」去了。

柑仔店魔法

我們平常都把自己綳得太緊了，沒辦法好好享受遊戲。其實，遊戲促成我們在身體、智力和情感的發展，學會互相幫助、解決問題，並且在遵守規則、尊重他人、分享和合作的過程，摸索出責任的意義和道德價值。

所以，就從「**遊戲**」這個詞，開啟各種聯想旅程：

遊戲——考試——學生——老師——教室——上課——上班——爸爸——媽媽——微笑——眼淚——眼睛——星星——黑夜——白天——陽光——雨水——雲朵——高山——瀑布——水龍頭——水桶——掃把——地板——天空——湖泊——魚——鳥——唱歌——跳舞……這些相續的兩個詞間，存在著一種特定的聯想方式。可不可以立刻分辨清楚？

有時候，我們也可以揀出兩個相對的詞，翻出另外一種聯想方法。

打開課本，或者從日常言談與課外閱讀裡的任何一個語詞開始，只要有時間，記得多加鍛鍊自己，分別練習這三種聯想法。

柑仔店購物籃

「意象」的跳躍，就是從「接近」轉為「相似」，有時還會帶有「對比」的力道，把我們平凡的生活、感覺、見解，轉換到距離遙遠的遠方。

究竟，什麼是「意象」呢？我們的購物籃，可就得仔細挑一挑了！

「意」是一種「**看不見的心意**」，可能是「**非常抒情的情意**」，也可能是「**非常說理的意見**」，無論是「情意」或「意見」，都是「抽象」的，**把看得到的「形象」全部「抽」開**，要求我們在沒有形象根據中，光靠想像，感覺一種抒情的情意，或者綜合整理出強而有力的見解。

然而，這種沒有依據、憑空降下的「抒情」與「說理」，都是空洞的，有時還容易變成「矯情」或「空想」。所以，必須依賴精準真實的「敘事」，讓這些抽象的「抒情」與「說理」，落在具體的「形象」裡，慢慢渲染、延伸，慢慢顯出確實而可以觸摸、體會的「情意」和「意見」。這種用來表示「抽象心意」的「具體物象」，就是意象的「象」。

藉由具體的「象」，表現抽象的「意」，並且透過我們對這些「象」的感覺和聯想，極有層次地，一層、一層，從最表層慢慢深入，表現出豐富的「意」，藏著不必「全部都說完」的餘味，這就是「意象」，也是在聯想時，讓作文變深刻的方法。比如說，讓孩子們表現「探索」，和探索接近的情緒有好奇、有恐懼，從小寶寶學步和初醒的太陽，也藏著各種可能：

1. 張喬然：探索時會感到緊張害怕，畢竟是沒有接觸過的事物，但在過程中，我們可以更了解自己、了解這個世界。

2.陳昱安：探索是找出所有事物的源頭，從已知的世界發現未知。探索是一種好奇的力量，是了解也是考驗。

3.姜禮文：探索就像小寶寶一樣，踏出腳步，就是新生命的開始，每做完一件事就要往前走。

4.張韻華：每個早晨的陽光都是揮下旗子等著開始的一瞬間，每樣東西都值得探索，因為人往往被錢的吸引力帶走，很少停下來探索一下。

5.王金程：探索是永無止盡的謎題，我們無時無刻都在解開這個謎題，只要好好探索，一些小事說不定會有巨大的成果。

除了這種「**接近**」的界定，我們還可以找出和探索「**相似**」的聯想跳躍，從外在場景開始，無論是天空、陽光、黑夜、月光、湖水、船、燈、窗，大自然的花樹葉芽，都帶著固定出現在我們記憶裡的聲音、顏色、氣味。我們的作文，就這樣以「真實的感覺」做起點，慢慢透過常見的器物、親密的生命共振，多面而精準地寫出「深刻的見解」：

1. 李燿全：探索像放大鏡，在我們生活中，注意一些我們平常沒有注意到的小事物，發掘更精彩的人生。
2. 陳岳謙：探索像走進一條永無止盡的山洞，不斷探測，越往內走探索就越深入。陽光就像已知，慢慢照亮未知黑暗。
3. 成書宇：探索就像雲霄飛車，不嘗試看看不知道它的好玩之處。
4. 林雅靖：探索有如階梯，需要自己去把它一點點建造出來，短短的階梯在建造每「一階」，會依照了解的事物越困難，那一階就會越堅固。

5.傅奕程：探索人的一生，應該都有兩本相簿，一本美好的回憶，一本討厭的回憶。

隨著記憶的擴張、情感的變動、思索的深入，寫作素材拉開距離，文字也會表現出強烈的力量：

1.徐家畇：探索是對世界充滿了好奇心，有時候「不知道」其實就是最好的答案。

2.吳政融：探索就像應答，在世界無限的困惑中，有的人探索比較多、比較深，但同樣都是在發現，比較細心、有想像力的人，發現的事物就越廣大。

3.鄭皓文：探索像一隻蝙蝠在無盡的黑暗中，用自己的方式重組世界，努力找到心中的救贖。

4.彭依震：人生就像在探索一片沙漠，什麼都沒有，但是只要你堅持就可能看見一點一滴珍貴的地方。

5.陳逸：探索就像在百萬個門牌號碼中，找出正確的一扇門打開，沒有標準的對與錯，要去欣賞新的想法，探索其中的真理。

6.徐羽辰：探索有點像在黑暗太空裡行動，只要不害怕跌倒，每跌倒一次，便能飄浮一會兒，使失敗化為動力。但我們不能一直跌倒、飄浮，那只會離目標越來越遠，所以，確定探索的目的地，特別重要。

作文練習題目〈□□在玩遊戲〉

（風在玩遊戲／月光在玩遊戲／記憶在玩遊戲／疲倦的我在玩遊戲……，自由命題）

4

獨特的畫面，打造記憶相機！

知道什麼是「流水帳」嗎？那是一種沒有經過整理、想到哪就寫到哪的散漫文字，把所有的生活記憶，不分事件大小，照著時間順序，平板、瑣碎地重複著，只有長度、沒有深度，讓人看得頭昏腦脹，具有特殊的「催眠」效果，所以，一開始就會被特別重視個性和創意的「寫作柑仔店」退貨。

想要寫好作文，必須先打敗流水帳，把「**結構**」的概念注入腦子裡。學習「觀看世界」和「收集整理」，把外在的細膩觀察鍛造成「背景」，融進內在的真實情感，深化「細節」，在詳盡踏實的說明後，匯入清新的想像，讓寫作從具體的人事物，「變化」成抽象的情感或見解，最後回扣題目，在「結論」中，提出面對生命難題的態度，以及可以充分解決的方法，才能開開心心地走向未來。

當我們懂得把自己累積的經驗、記憶和情感，當作「寫作寶庫」，消化生活中的歡愉和驚奇，隨時檢選作文材料放進緊密結構，調整各個段落的前後關係，這時，就像做麵包前的麵粉團，營養、豐富，至於可不可口，有沒有可能讓人一看就愛上了，就得用真實世界做基礎，調進一點點想像口味，隨著溫度發酵慢慢定型，凸顯出生活中最重要的人和事，形成「獨特的畫面」。

畫面的停格和特寫，是讓作文變好看的祕密武器。從「想像」跳回

「真實」，讓那些摸得到、看得到、聽得到、聞得到的所有我們稱為「具體」的人和物，嗅聞起來，充滿了看不到、摸不到，只能用心感覺的「抽象」的情緒和道理。

想要描繪足以延伸出深邃的情意和見解的畫面，最重要的關鍵是，**降低過度強烈的動態設計**。天災、地震、衝突爭吵、死亡疾病……這些驚天動地的情節變動，可以讓作文呈現一種熱鬧的節奏，卻不能感動人心。當誇張的動態減少，畫面「停格」在真實得幾乎就在我們眼前的瞬間：「天空慢慢暗了下來，雨好大，荷葉下的小空間鑿出時間通道，回到好遠好遠的屋簷下，那就是家。」

這就是好材料！好像在記憶相機裡，拍攝出精彩的「照片」。畫面停格了，各種精細的小細節，就會衍生出更多情感的渲染和滲透，即使只是虛構想像，因為細膩、真實，就能描摹出一種讓我們深深相信的生機燦爛。

柑仔店魔法

試著感受這個充滿聲音和畫面的瞬間：「有些雨滴落在穿越花圃的石子步道，濺起一座座小小的噴泉，這噴泉也發出一種聲音，像石子感覺到了冰涼而歡呼。」；或者再拉近一點，靠近我們的真實生活：「半夜起床去喝水時，我從黑漆漆的客廳裡，聽見秒針在時鐘裡一步一步移動著。它走一下，停一下，彷彿踏著小心翼翼的步伐。這時，我也把腳步放得好輕，走一下，停一下。我想，夜也是這樣的個性吧！」

只有透過這些聲音和畫面，從「想到哪就寫到哪」的最低標準，提升到「更高標準」的精細刻畫，才能表現出「寫作柑仔店」裡的各種飽滿的巧思和情感！

柑仔店購物籃

孩子們在家庭、功課和交友的諸多難題間，有機會停下腳步，細細張望生命的一個「小小的瞬間」，那每一次停留，都是最棒的「柑仔糖」，豐富了我們的生活滋味。喜歡寫、會寫，而且能從寫作文中找到「做自己」的熱情的這些孩子，常常在駐留〈那一瞬間〉的選材時，表現出同時在「張望」與「思索」的智慧和勇氣。

一、面對轉彎一瞬

1.邱郁權：皎潔明月自朦朧雲彩間忽然發亮、西下夕陽消失於山脈間、夜靜時的千萬顆明星……萬物變動那一瞬間的驚人美感，突破時空限制，成就永恆。

2.徐揚彬：光速比不上思想。這一瞬不了解，下一瞬又多出一段新增的距離，只有在「找到答案」那一瞬間，把生命挖深，把世界推遠。

3.吳承軒：每一天每一秒鐘都在發生變化。我們做選擇那一瞬間，世界就改變了，只能戰戰兢兢，不斷檢視，是不是選擇了對的、好的？

4.丁柔筑：舞跳得好不好，全部決定在要不要付出的那一瞬間。

5.林易萱：上台表演，鞠躬起身的瞬間，發現稚氣笑臉，撫平緊張情緒，決心盡全力，觸動人們心底最深的心弦。

6.韓家芸：在生與死拔河的那一瞬間，無論是自己或別人，都是難以理清、卻不能逃避的功課。

7.李奕霖：掙脫黑夜，辛苦上山，就在日出那一瞬間，世界重新開始，萬物起身迎接新的開始。

8.劉德玉：學校是充滿個人願望和家長期許的黑色牢籠，分階級的那一瞬間，就是錯誤的開端。

二、收藏溫柔感動

1.羅紹齊：記憶是潮水，波濤洶湧地在腦海中流動，感動，在瞬間爆發；感動消失時，記憶也變得如此不真實，所以更要用心體會捕捉瞬間感動。

2. 康倩瑜：腳踩在非洲乾涸的土地上，瘦小的男孩趴在炎熱的土地上呻吟直到闔上雙眼。虛幻的私人飛機停在思緒停機坪上，看著雜誌，眼淚落下，那一瞬間，看著另一個世界、看見人生中的不如意，深切思索自己該如何活得更有意義。

3. 吳婉如：慈善團體為兒童募款時遞出玫瑰，那一瞬間，也遞出無限的愛。

4. 張鈞雁：颱風災難後，第一道烏雲邊露出的金線，遞出笑容和希望，瞬間點起生命中的亮度。

5. 胡瑋秀：在閃電打下照亮夜晚的那一瞬間，從狂風到雨傘，從慘翻到跌倒，從年輕人協助站起到車子駛離。在這短暫的時間裡，就像是人的漫長一生，狂風逆境、倒地挫折、父母甚至是外人的幫忙，站起並走出失敗，在這一瞬間，我看到了人的可能。

6.黃孟鈺：讀《追風箏的孩子》，光看到這一句：「為你，千千萬萬遍！」，那一瞬間，真的好美！

三、成就生命瞬間

1.朱少凡：牛頓從蘋果掉下來的瞬間發現萬有引力，那一瞬間，那麼短暫，那麼珍貴，還可能改變全世界。如果是我們呢？要努力發現瞬間感覺，實踐生命可能。

2.林志儒：努力的過程如海中尋寶，永遠不知道下一秒鐘會遇到鯊魚還是寶藏。接力賽到了最後，那一瞬間我知道自己不能留下遺憾，盡情向前衝，如果我們不能確定下一瞬間會發生什麼，就大膽放手去衝吧！

3. 彭明盛：生命樂章高潮起伏，時間如流水倉促，永遠結凍的是「成功」一瞬。無止盡的練習和準備，為了那一瞬間。

4. 宋亦晉：長大後找到第一份工作的那一瞬間，關係到家人和未來，就是生命中最重要的時刻。我期盼自己可以成為機師，永遠為了那一瞬間而努力。

5. 魏仁薪：從小喜歡做瘋狂的事，常常傷害別人。只有沉溺小說直到結局，讓混亂的思緒找到出口，被帶到想像世界的那一瞬間，是最幸福的時刻，而後更得謹慎做好每一瞬間的選擇。

6.曾冠惟：將寫滿紅字的考卷交給母親的瞬間，面前的人嘴角揚起，得到再努力的機會，一瞬間，好像在打開驚喜盒般，不知裡面會是驚嚇還是喜悅。

四、珍惜溫柔人生

1.吳季軒：無論夜晚多黑多冷，母親永遠在等待的那一瞬間，把時間和空間都凝固成為溫暖的永恆。

2.向建治：行動不便的阿嬤，在雨中辛苦送到的傘，那一瞬間，淚如雨瀑，這就是生命中刻印的幸福。

3.黃紹威：失控和同學衝突，第二天同學說「沒關係」的那一瞬間，藏著否極泰來的力量。

4.鄒宛庭：轉身離開好友的那一瞬間，世界改變了！一瞬間，我們失去，也同時擁有，都是回憶，只是，在那一瞬間我們有多少感覺、領悟。

5.李佳臻：看見「他」出現的瞬間，就能從焦慮等待回歸正常的上課模式。只要心頭感到一絲溫暖快樂，不悅的心情在那一瞬間便煙消雲散。

6.陳佩宜：私中結果公布的瞬間，難過要與同學分離，現在已經體會私立學校的快樂生活。

7.陳孟琪：雨夜摩托車故障，又溼又冷，遇到深夜空車的計程車，熱心協助，溫暖起冰冷的夜。

8.陳昱綺：異國雪地汽車拋錨，異鄉人的救援，那一瞬間，成為記憶茶葉，隨著流光沖了下來，無限的回甘與香氣⋯⋯

五、無法回頭的瞬間

1. 李睿岑：脫口衝出一句話，無法回到上一秒追回。一瞬間的影響力，改變一個人、一個世界。
2. 黃凱琳：欺負妹妹，妹妹仍然以純真的心回報。那一瞬間，脫離無聊，誠摯長大。
3. 何冠賢：原本以輕視的態度對待一個智商較低的同學，聽到他說他已經在努力，不知為何仍然被嘲笑的瞬間，態度轉為尊重。
4. 謝艾璇：對父親的叛逆與溝通，落淚的那一瞬間，深切理解父母親的愛。

作文練習題目〈那一瞬間〉

5.白心園：人的衝突通常是口角即將爆發的那一瞬間，丟出令人難受的話語，在下一瞬間努力修補，會對自己此時此刻下的決定感到驕傲。

6.黃志仁：最致命的武器，不是刀、槍、炮，而是掙扎在醫院心電呼吸器起起伏伏後，最後終止的那一聲「嗶——」，看著對自己而言最重要的人生死拔河，無限的傷痛與想念。

7.傅洒婷：爺爺離開的那一瞬間，留下太多思念與痛苦，只能學著收拾起痛苦，珍惜思念。

8.黃蘅軒：隔著車窗看到幸福、歡笑的一家的臉，誰也沒想到，車禍那一瞬間，生命不能彌補、也不能重回。

5

成長的哲理，長大真好！

一片葉子從鮮嫩到飄蕩，一朵花從盛開到凋零，一顆種子在無限的擠壓中奮力掙出土地……這些都是「寫作柑仔店」的暢銷商品。因為，這會讓我們聯想到，成長就是這樣，一回頭，就是一大段又一大段的歲月和記憶，我們在這些成長和摸索中，慢慢找到不滅的夢想和堅持的勇氣，這就是寫作文最強大的力量。

透過花葉枝椏、風雲搖曳、脆弱細薄的嫩芽、向天拔起的枝幹……這些「**細膩的觀察**」，在「**真實的情感**」裡反覆發酵，加進「**清新的想像**」，調成讓人料想不到的口味，烘焙出一個又一個「**獨特的畫面**」，從靜態畫面的停格，延伸出動態曲線，寫出更細微、更精緻的抽象意味，在我們快樂、傷心以及各種不同的情境裡，呼喚出更多值得珍惜的記憶和意義。

尤其在面對聊天與寫作機器人的不斷進化，更要做好時間分配，好好思索，如何說自己想說的話，寫自己想寫的句子。走進校門之前，先跳一跳，看大樹在眼前搖晃，仿如整個世界都在向我們招手！每一株小草、小葉，都搖曳著真實生活的邀約，為貧乏的想像塗繪出四季的變化，用嶄新的視角重新整理自己，面對生命的艱難和挑戰，在感性和理性交織的基礎上，整理出最效的方向和做法，寫出「**成長的哲理**」，這就是結論中真正有價值的省思，幫助我們，通往更喜歡的未來。

柑仔店魔法

我們從「想像世界」跳進「真實世界」，有人適應得很快、很順利；有人適應得很慢、很痛苦。這世界上每個人都習慣自己的視角，無論遇到什麼問題，要懂得讓腦筋轉個彎，設想出各種不同的思考方向。

讀完這個簡單的故事，試著列出各種不同視角的結論，算一算自己可以領略出多少不同的成長哲理呢？

〈誰最高？〉

春天走過來的時候，天空好藍，泥土也都香香的。小花和小草在熱鬧的草原上，驕傲地抬起頭來，拼命比高。這邊有小花尖叫說：「我比較高。」；那邊又有小草急急忙地嚷著：「我啦，我才高呢！」話沒說完，又被另一株小草不服氣地打斷：「哼，我最高。」

亂紛紛的聲音，這裡、那裡冒出來，我啦！我啦！我最高。想要睡個午覺的大樹，被他們吵得心裡好煩，忍不住輕咳了一聲，叫大家不要再吵了。

「誰？是誰」忙著比高的小花和小草，嚇了一大跳，不禁拉長了脖子東張西望地問：「到底是誰？是誰在說話？」

大樹搖搖頭，沒有再回答。小花和小草都這麼小，怎麼看得到大樹在講話呢？

柑仔店購物籃

我們在靠近大自然時，有人在大山大水中找到生命的考驗和勇氣；有人被空中垂下的花形、地上冒出來的嫩芽感動，珍惜起生活中小小的喜悅；也有人從具體的山頂往下看到抽象的山腳下，看到自己在爬向高處時一路跌落的記憶。可以說，從實體的觀察出發，歷經情感、想像和畫面的整理和放大，最後回扣到人生的哲理，就能在「寫作柑仔店」，找到一篇又一篇與眾不同的好作品。

同樣一篇〈山腳下〉，有人從山頂上看到風景，有人對山腳下的種種抒發感慨，文山國小五年級的孫惠君卻在實體的山之外，看到一座比較抽象的「山」；她這樣寫：「當我們爬到高處的時候，一定會忍不住回頭看一看，那就是回憶。在我們向下看時，也許會看到以前的我，那個又頑皮，又沒有知識的小鬼；也許會看到在上課中被修理的小毛頭，也許還會看見在校園裡一起玩跳高的好同學。在我們看到這些情形的時候，是非好壞都跳過去了，通常人們一定會開口一笑。但是別忘了，還有一段漫長的山路，等著我們去攀爬，我們必須一起去爬，一起邁向更光明的前程。」

實體的山、人生的山糅合在一起，成為一篇佳作，因為哲理而形成的深邃聯想，自然就顯得與眾不同。無論山或海，大自然的寧靜存在，總藏著各種生活的聯想和象徵。

〈海〉☆王家妤，四年級

每次在海邊玩，都會屁股一堆沙，有縫的地方都有沙。海真是可怕的怪物，每當我玩啊玩，都會發生一件事——一定會潑到眼睛，鹹鹹的，會刺痛；我很好奇，眼淚也是鹹的，哭也不痛啊，真是奇妙，也許眼淚加了不同的料，對我們比較好。

海還會把太陽吞了，一到晚上太陽不見了。可能，早上海把月亮吞了，晚上把月亮吐出來，真是又恐怖又偉大呢！就像媽媽一樣，有壯志，給了我們資源和家園，也像美麗的美女，什麼都很好，雖然也有缺點，有時候不小心，太餓了，就把人給吞了。

我喜歡清澈的大海，浮在它身上，像在軟綿綿的雲朵，感覺非常可口，吃起來像廚師加太多鹽的料理。我們的生活，可以這樣自由而悠閒，都要謝謝海。海就是環在台灣四周的好朋友。

〈大山〉☆彭宣釉，三年級

我覺得爸爸是一座大山，因為我小時候，爸爸都會突然把我抱起來，好像可以看見了地球上的每一個角落。

爸爸的力氣很大，可以搬得動很重的東西，也會保護我們，每天提醒我們該注意的事情；可是爸爸有時候也會山崩，因為他上班太累了，接著一回家，爸爸就倒在沙發上呼呼大睡了，根本沒有聽到我說的話。

有大山陪伴的生活，很安心！有一天爸爸一直沒有回來，我很著急，也很擔心，我一直想著爸爸發生了什麼事，會不會肚子餓？想著想著我累到睡著了。一醒來，爸爸就在我眼前，原來他昨天加班，太晚回家了。習慣的大山再度出現，我終於鬆了口氣。

爸爸是我心中最偉大的高山，我天天都依賴著這座大山，我會永遠都陪在他身邊的！

〈山〉☆李乙安，四年級

玉山是一個高大的巨人，每天早上他和他的朋友們慢慢把剛睡醒的太陽，從東邊，一直送到西邊；當他們把太陽送回家時，又要把愛賴床的月亮叫起，好讓月亮準時上班。

叫醒月亮後，他還不能休息，因為還要看一看在他身上的居民，有沒有被觀光客欺負、汙染。如果有汙染，只好請志工幫忙清潔，當他檢查完畢時，已經凌晨一點了。

他只能睡半個小時，因為月亮要準時下班了。他和他的居民朋友要開始梳妝打扮，世界又開始熱鬧了，大家得一起迎接新的開始。

〈山〉☆陳芊宇，四年級

大山太無聊了，總是希望像太陽一樣照亮大地，像白雲自由遨遊。

有一天，地震了，山和土地分開啦！山趁機逃去找天神，但天神說；「你確定要變成風嗎？知道嗎？你可以讓人類有爬山的樂趣，讓他們健康……」聽到這，山決定回家，讓更多人爬山。

幾個月後，我們家也到那裡爬山了。嘿咻！嘿咻！好累呀！每次爬山爸媽都一定要喝可口可樂，我很想喝，但是我從來都沒有喝過。不公平！我趁爸媽不注意時，偷偷摸摸的把奇怪的東西拿來搖一搖。打開時，唰！天女散花！可樂噴得到處都是。我津津有味的舔著臉上的可樂，這時候媽媽來了，她說：「我本來要喝的可樂都被你玩成這樣！你這個破壞王！」

每次爬山，都是一次「只有山知道」的大冒險。

〈大山〉☆洪澤鈞，四年級

我生命中的大山，是學校的圖書館，還有最近幾個星期都會出現在學校的行動書車。

龍星國小的圖書館，常會舉辦有趣的書展，讓學校的學生們可以享受閱讀的樂趣，我常常會去參加，因為既可以讀故事，還可以吸收課外的知識，甚至得到獎品，所以我非常喜歡這種類型的活動。

最近的每個星期一，都會有桃園市立圖書館的行動書車來到校園，全校學生都非常好奇，哇！行動書車來到我學校吶！我第一節下課就馬上衝去中庭，到行動書車借書，好新鮮喔！

圖書館就像大山一樣，讓我發現了閱讀的樂趣，每次走進圖書館，都可以聽到翻書聲連綿不絕，就像山裡面花朵生長的聲音和小鳥們一起演奏的交響樂，每次坐在陽光明亮的角落時，彷彿我在山林中悠悠的看書與大自然合為一體，故事成了芬多精，大口呼吸，讓心情更舒適。

〈高處〉☆李佳臻，六年級

一隻鳥在天空孤單的飛翔，我站在高高的山上，展望著鳥兒，一隻飛過，慢慢變成一群飛過，拍翅的聲音，在山谷中迴盪著。

站在高高在上的山，終究還有更高的鳥兒，在一群鳥之中總有一隻會最高。飛最高的鳥，還有比牠更高的雲。在社會中有窮人，有小康，有富豪，這也是一層接著一層，不管站在哪裡往上看，都會有比自己高的東西，一個站在最高點的人，不一定很快樂，相同的，站在最低處，也不一定不快樂，人要知足，站在中間，或許會更快樂，不要和別人比，比錢，有人會有更多錢，比勢力，有人有更大的勢力，並不是在低處就不好，最高也沒有最好。

一個高處的人，高高在上，他有許多財寶，許多財寶可以買很多東西，但是沒有商店有賣快樂、愛心和溫暖。高處的人，很孤單不快樂，往下看許多人，沒他富有卻比他快樂，許多沒有他的幫助，可能會活不下去的人，站在更低處，他要推開雲層，看著低處也不快樂的人，只要他幫助低處的人，高處的人也能快樂。

高處也有不好，低處也有優點，只要快樂，什麼都好，永遠都有人更好，也有人更壞。不用站在最高處，卻也能很快樂，才是最厲害的人。

Part 3

自己
最喜歡的樣子

1 記憶柑仔店

從小到大，我們讀過的書、聽過的故事，我們所經歷過的每一個人、每一件事、每一段時間、每一個地方，都**以「我」做連接點，像蜘蛛結網，用若隱若現的細絲，把一個點又一個點，看起來很隨機，其實前後都有相關地聯繫起來**，像一個「記憶柑仔店」，自製、稀有，以僅有自己了解的獨特分類，收藏一段又一段故事和情感。

這就是「寫作柑仔店」最親切的地方。不像百貨公司那樣公開展示，便利、快速，並且提供大量差不多的量產商品；反而在小吃、小物、自然的閒聊、親密的互動中，浮現濃厚的懷舊情懷，讓人感受到溫馨、親切的交流，不需要太多誇張修飾和成語套用，簡單、純樸的深情流露，讓人特別能夠感受到真誠和溫暖。

只有店老闆自己才懂的收納規則，可以不斷擴充，牽動一些因果相連的意義和影響，豐富了我們的生活。有時候，也因為堆積得太多太滿，顯得混亂，甚至有很多「存貨」都被我們遺忘了。所以，我們自己也得學習當一個很棒的「記憶柑仔店」老闆，每隔一段時間，針對記憶，整理、篩選，像整理柑仔店貨架一樣，抱持新鮮，並且對一些也許很容易被忽略的小事物，特寫放大。

原來很可能沒有什麼特別顏色的生活，零星散布在記憶裡的一段又一段「**敘事**」片段，隨著感覺的渲染，濡染出一種「**抒情**」調子，慢慢染上情緒的顏色，慢慢發出亮光，最後，在我們所提出來的見解中，賁張著「**議論**」的力量。大量收藏記憶，就是為「記敘文」做準備；認真的閱讀和思考，才能延伸到深刻的體悟，省思如何活得更好的方法，成為「議論文」的基礎。

至於如何從多變化的「生活」記敘文中，捕捉細膩的「感覺」，並且在各種不同的「見解」議論文中，注入深刻的「感情」，這就是我們在閒逛「記憶柑仔店」時，必須建立的能力。區別各種貨架，找出最剛好的素材，真實寫出我們的生活、心情和各種各樣的驚喜、迷惑、難題和摸索，形成獨特的印記。

柑仔店魔法

1. 讀「**中秋剛過，寒露屆近，雙十國慶又快到了。**」這一句話時，先到「記憶柑仔店」找一找，有很多屬於季節和節日的「**事件**」可以回想嗎？或只純粹對「中秋」、「寒露」、「雙十」、「國慶」這些字詞的堆疊很有「**感覺**」，轉生出更多浪漫的印象？是不是又湧現出一些些不同滋味的情感？還是有很多關於家族、放假、歲月變動的「**意見**」，想要表達？

2. 畫一個圓餅圖檢視自己，「事件」、「意見」、「感覺」各占多少比例？我們的感覺敏銳嗎？情感是不是特別豐沛？只要對自己認識越深，就越能在文字中調整自己的表現，也可以透過文字的調整，確認生活的美好，找到努力的方向。

3. 雙十國慶，我們看煙火、旅行、創造集體記憶，帶著過去歷史的依存以及未來希望的開展，展現出力量，這些以「我」做主要連接點，對時間和空間的感覺渲染和感情展露，就是運用「敘事」，在深入抒情的起點。

4. 接著，區別出這些節慶的差異。「中秋」和「寒露」是農曆，有一種傳統的、文學的、內斂的、隱隱約約不確定的浪漫想像；「雙十」和「國慶」有一種現代的、社會的、剛強的、明明確確家國的共識和認同，這是意見的激盪和思索。

5. 最後，回到我們觀察到的世界，圓月讓人想念、寄託圓滿。還記得百花生日嗎？上半年的農曆二月十五，稱為「花朝」，也稱「花神節」；相隔半年的農曆八月十五，稱為「月夕」，花朝對月夕，一方面表現出精神上的美麗，另一方面，呈現一年即將到了豐收時候，特別感謝土地神，出遊「走月」，分享物質上的滿足，慢慢也感受到「寒露」將近，在天地凋零中，祝福大自然和我們自己都要好好休息，期待來年生養。

柑仔店購物籃

這世間每一個節日，都是值得收藏的珍貴商品，我們的柑仔店購物籃，實在裝不下，就看看溫暖的〈母親節啟事〉，說不定，我們可以自己創造出合意的媽媽和小孩，回家，就成為更快樂的事喔！

先看看〈誠徵高階主管〉的條件

1. 一週工作135小時，24小時On call
2. 應付意外，節日特別忙碌，保障同事快樂、幸福
3. 精於醫學、烹飪、財務、設計……
4. 薪資0

想到了嗎？世界上，只有「媽媽」這個角色願意應聘這職務了。

接下來，我們也來練習一下家庭角色的思索，寫一寫我們自己的誠徵啟事，一起〈誠徵兒子〉、〈誠徵女兒〉、〈誠徵媽媽〉、〈誠徵爸爸〉……。

☆鄧宥庠〈誠徵兒子啟事〉：

1. 任職期限無上限，但不可比董事長早離職。
2. 24小時隨時保護自己，每天早、中、晚，都要向董事長或董事長夫人報告自身狀況及情形。
3. 保持隨時的好心情，不抽菸、不喝酒、不打架、不頂嘴，還有「不當乖乖牌」。
4. 員工福利：除了週休二日、節日、以及家人共處時光，無特別福利。
5. 學習能力強，略懂廚藝，以後可自立維生。
6. 發掘自己喜歡的才能。
7. 聽話，生活瑣事不提供服務，一個月補助800元整，隨年紀調整。
8. 起薪：0，但附上美好的童年，以及完整的父愛及母愛。

☆鄧宥庠〈誠徵媽媽啟事〉：

1. 每天工作時數自訂。

2. 工作心情要輕鬆，好玩。

3. 每天一定要放鬆自己三小時。

4. 會跟兒子聊天，了解自己也了解自己的兒子。

5. 可煮菜，有熟就好。

6. 福利：什麼都可以買，錢隨便花，以及附上與兒孫的天倫之情。

☆林南竹〈誠徵兒子啟事〉：

1. 應徵人必須為男性，不須役畢。

2. 年齡不拘，老少咸宜。

3. 性格不要求，有fu即可。

4. 不菸不酒不賭。

5. 不染髮，衣著整齊。

6. 有前科者需改過向善。

7. 抗毒能力中上。

8. 家政能力中上，至少有煎蛋、煮咖哩的能力及經驗。必須會穿針、基礎縫紉、縫紉機操作，且熟於打掃。能調出三菜一湯、衣物及生活小物（如錢包）修補製作、大規模掃除者佳。

9. 具基礎水電能力，能更換燈具及克難維修。

10. 具基礎科學常識，能制止「不科學」及「不安全」之事故發生。

11. 對韓劇、日劇有基本認知。

12. 熟習網際網路及科技，能自主申請網路、架設無線網路，處裡電腦相關問題。
13. 淡定。
14. 不時高呼「我愛你」。
15. 請奉行「媽媽至上法西斯主義」，聽媽媽講話要耐煩，不可動怒。
16. 不保障時薪，視表現而定。

☆林南竹〈誠徵媽媽啟事〉：本公司誠徵媽媽一名
1. 煮飯，沒有神經毒即可。
2. 不打小孩，推行民主政治。
3. 無薪水。

作文練習題目〈誠徵□□啟事〉

2 名字新旅程

為了打造一個專屬於自己的「記憶柑仔店」，我們得先成為自己最喜歡的樣子。以「我」做連接點，不斷擴充「存貨」，清理發霉往事，淘汰不良品，找出最精采的亮點，才有機會寫出更精彩的作品，才能用更多琳瑯滿目的記憶加工作品，迎接更多老朋友、新朋友來靠近我們，喜歡我們，分享他們最喜歡的記憶。

讓「認識自我」、「喜歡自己」，成為開店的支撐點，多面穩固發展下去，就成為非常重要的開始。

我們可以運用圖文想像，從自己的名字出發，從熟悉自己、認同自己開始，延伸到父母對自己的期待，以及對未來的希望和志向，擴張出各種文學可能。當我們對自己有了不一樣的解讀和期許後，就可以把這些新鮮而充滿想像力的認識，當成一場好玩的拼「圖」遊戲，拆解名字元素，為自己的名字畫一幅圖。

自己的名字變成「拆字遊戲」，可以編織成一個充滿童趣的故事，也可以深入聯想、提出見解，用一種「喜歡自己，可望讓自己變得更好」的內在動力，抓住生活的養分，搭配自己最在乎的人、最難忘的故事，最想要完成的願望。比如說，「高名書」這個名字，想要長高、想要自己的名字永遠和「好好讀書」連在一起，這樣的願望，最後終將以最美的姿態破土而出。

這最初、最美的感覺，就是名字送給我們的祝福。

柑仔店魔法

1. 拆解我們的名字，為每個字的組成元素，延伸聯想，尋找圖像，讓自己的名字變成一幅畫。
2. 注意版型配置，大小分布，可以凸顯自己的存在感。
3. 名字形象化後，透過畫面解說，找到自己的力量，讓「畫面」和「心理細節」交相作用，表現出認識自己之後濃烈的感情，我們就能從自己的名字展開各種文學旅程。

柑仔店購物籃

來吧！就先逛逛別人的「記憶柑仔店」，看看大家怎麼打造出好玩又有深意的「名字故事畫」。

〈我的名字〉☆高名書，二年級

我的名字叫做高名書，我聽到人家叫我的時候我就會驕傲，因為第一個字是高，會讓我覺得我長得很高，可以打棒球；第二個字長滿了樹藤好漂亮；第三個字讓我覺得我跟書一樣是萬事通。

這個名字讓我量身高的時候會覺得一定長高很多，看書的時候就會覺得我看得很快，因為我的名字有書這個字，讓我覺得我什麼都知道，不用看這些書。

我雖然長得高、運動好、書也看得快，可是我不細心，考試常常會粗心，就跟蘇格拉底說的一樣：「每一株玫瑰都有刺，正如我們每一個人性格中都有我們不能容忍的地方。」就算運動好，但我少了細心。

我應該每次考試的時候多檢查幾遍，才能考到更好的分數。

〈我的名字〉☆周芯丞，三年級

我的名字是一張照片，想像力可以運用在這個地方，充滿了幸福及溫暖。

我的「周」是一盞路燈，照在一位孤單的小女孩，蝴蝶陪她找到幸福和方向，而路燈會讓幸福更明亮；我的「芯」是充滿愛的天使，它頭頂上的光環，是世界上所有人的愛心，翅膀可以從天上飛到地面去收集幸福與愛；我的「丞」擁有勇氣去冒險，飛到天空上的雲朵，遇到朋友，後來被一場暴風吹到大海上，我們找到梯子，順著樓梯安全到船上。

名字是從小到大，一直陪伴我們長大，並且給我們力量。

〈我的名字〉☆林永朕，四年級

天上的那幾朵雲像「永」字，想為地上的兩棵樹澆水，讓樹不斷成長，永遠保存，這樣人們就可以呼吸到更乾淨的空氣。旁邊的人到公園呼吸新鮮空氣，帶了雨傘和椅子，剛好有下雨就把雨傘撐在地上。

我覺得「林」是兩棵樹，讓我很強壯，「永」是讓我永遠很強壯、厲害，「朕」應該是讓我像皇帝一樣威風、勇敢、有力量和很聰明。就像蘇格拉底說：「每個人身上都有太陽，主要是如何讓它發光。」

我也要努力像皇帝一樣，創造機會，讓天下的人幸福，使得每個人身上的太陽都能發光。

〈我的名字〉☆姜禮文，五年級

我的名字像一個快樂的大家庭，在圖畫裡手牽手的樣子，真特別。「禮」爸爸正開心的吃「文」草莓，姜媽媽正開心的跳舞。人的一生，都要像這個家庭一樣，整天開開心心的生活，不要吵架。

蘇格拉底說過一句話：「最少的期盼，才能擁有最大的幸福。」這句話跟我很像，

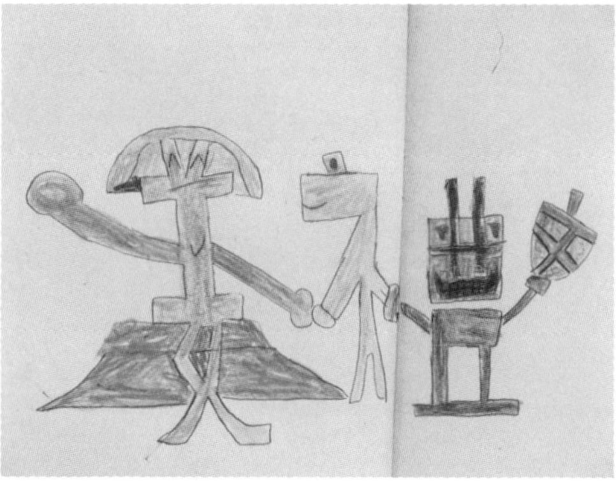

一開始我覺得我的名字不能畫好圖，只要可以下筆就夠了，這讓我知道結束前都不能放棄。

我想透過我的名字圖，告訴家人，希望我的家人能和我的名字一樣，整天開開心心的生活，不要吵架，這個名字，給了我靈感、想法，爸爸媽媽對我的期望，我永遠都不會忘記，

我想我可以做的，就是做好自己的事，不要讓家人生氣、吵架。希望我可以做到，也希望家人可以彼此體諒、互相幫忙。

〈我的名字〉☆彭芷新，六年級

我的名字是一個小小的後院，這裡充滿了生命力，各個植物都奮力的長大，滿心抱著新希望長大。

我的後院不可缺少的就是澆水器，每天都灑下清涼的水，讓植物們可以吸收水分，勇往直前。正如蘇格拉底說：「世界上最快樂的事，莫過於為理想而奮鬥。」這句話說盡了我的後院，每一株植物的理想，最快樂的就是為理想而奮鬥！在我的名字圖像中，表達出一個奮力直前，不會放棄，永遠不停止長大的植物。

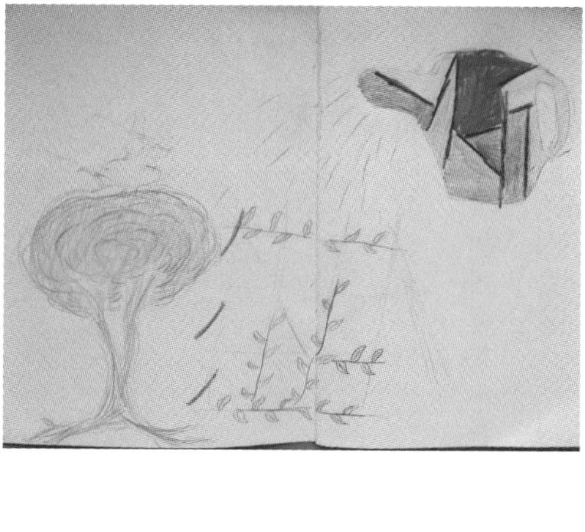

從充滿生命力的植物後院，我看見我的名字，表達出自己的特色。我們不要用自己的眼光來看待別人，才能發現，每個人都是獨一無二的存在。

〈我的名字〉☆陳逸，六年級

一輛車，可能在水上航行嗎？常理是不行，但我繼續的修煉和變化自己，慢慢努力改變，慢慢改進，在不知不覺中，也更向終點靠近一步，但正值巔峰的我，仍不忘了安全與自己的後路，而船槳上的旗子，也提醒著我，要更努力慢慢實現自己的初衷。

在我們的生命中，充滿了許多的「可能的不可能」，但重要的是，要如何讓自己的人生中，出現轉機與改變呢？當然就是要自我檢討、改善與不厭其煩的嘗試，讓自己了解錯誤在哪，再用錘子、螺絲起子、和扳手一起把自己鎖緊，讓自己有良好的習慣。

在我們一生經歷中，會有各種不同的過程，過程中也有許多夢想，我的夢想是把所有不可能化為可能，打破人類過去的觀念，讓地球擁有新的世界。

〈我的名字〉☆張芸瑄，七年級

因為我的姓「張」的音同「章」，而且和名字後一個字連唸快一點就變成章魚。所以章魚一直都是我的代表圖騰，一定要畫上去；名字當中的「芸」，將化為一片天空，當中有鳥、雲；最後的「瑄」則變成萱草。

名字的預言，代表我的個性，如章魚般喜歡與同伴嬉戲，又如同流水般不受拘束，自由自在的千變萬化。芸是能乘風向前邁進的，但是偶爾在旅途中像鳥兒般，停樹枝上停歇也不錯，所以這是我的渴望，而瑄同植物萱草般，需要陽光、月亮、水、風等大自然的滋養，才能將其化為更像高處伸展的來源；圖像中的棚子，把陽光和月亮蓋住，象徵我不需要保護，我的生命堅韌到能撐起一切。

蘇格拉底曾說：「許多賽跑的失敗，都是失敗在最後幾步。跑『應跑的路』已經不容易，『跑到盡頭』當然更困難。」但我一向都不用正常的方式去生活，因為我是個擁有自我原則的章魚。

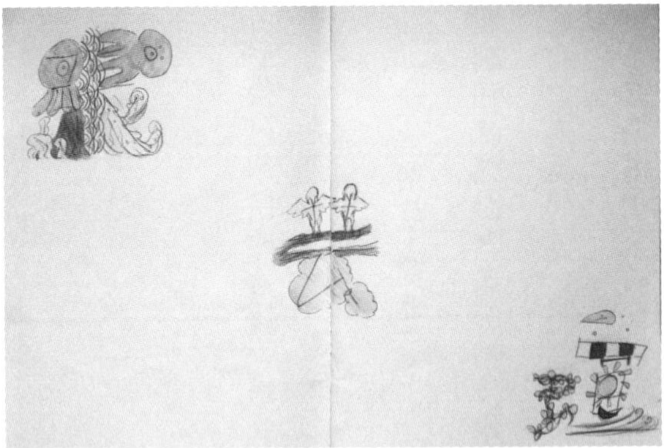

我想要以自己的本性去朝著自己的遠方邁進，同時享受那種踏實而自

由的感覺，然後不要忘了不能只依賴外力的幫助。

作文練習題目〈我的名字〉

3

心情重開機

寫作，難嗎？是不是常常怎麼想都想不出材料來？有時候，拿起筆，不知道寫什麼，逛進讓人眼花撩亂的各種「寫作柑仔店」，又覺得思緒凌亂，想寫的素材太多，很難整理出清楚的脈絡，不知道該怎麼寫下來？所以，從最開始，自我訓練的最重要方法，就是停止閒逛！不必在乎別人怎麼寫，再多的「神奇柑仔店」，也不必放在心上，專心打造專屬於自己的「**記憶柑仔店**」，不招待別的客人，只有自己可以享用。

當我們捕捉到一些點子，明明有很多想法在腦子裡跑來閃去，是不是又面臨新的困擾，不知道如何開頭？這時，有一個好方法，就是先從自己的名字做圖文想像，讓自己成為「創作主角」，打造自己專用的「**寫作柑仔店**」，相信自己可以找出很多只屬於自己、和別人不一樣的「私密想法」。

然後，要記得，真正精彩的作文，還是得從真實的生活延伸下去。從「**大自然**」、「**器物**」和「**身體細節**」做切入點，連接到更多「人」、「地」、「時」、「事」，柑仔店的貨架就會越擺越多；想辦法抹去令人疲倦的重複日常，調整情緒，才能「出清舊貨」；再深入檢視自己的情緒變化，觀察自己受到的影響，並且思考日後可能形成的改變，貨架上就可以常常擺出吸引人的各種「新貨上市」。

慢慢地，這個原來只有自己的「記憶柑仔店」，會裝進更多屬於更大世界的情感和想法。就像我們常常使用的3C產品，長期累積太多Bug，只要適時地「關機再開機」，很神奇吧！明明沒有做任何修理，重開機後就能順暢運作，也才能清楚理解，我們每一天每一個瞬間所做的選擇，以及繞著這個選擇形成的結果，如果和我們喜歡的人生劇本一致，就可以一直開心地過日子。

不過，如果我們的一生，一切都照喜歡的劇本前行，就不叫做「人生」了！人生因為有挫折、有衝突，所以才能不斷「貨到更新」，不斷訓練自己，想清楚如何活得更有價值，跨向更寬闊的世界；接著進一步面對自己，檢視生活哀喜浮沉，看見內心的飽滿和陷溺，也看見外在的侷限和成全，理解真真的「自在」，就是自己「在」這個當下找到的力量，有所節制也有所堅持，才能安心地繼續往前走。

柑仔店魔法

許多時候，我們都控制不了自己的情緒，理性做的決定常被感性衝動推翻；即使很能忍、很願意做個「好人」，但好心不一定成就得了好事，外在的人性和環境的意外，總是讓我們大吃一驚，所以，要常常「清理情緒Bug」。透過「柑仔店魔法」的簡單練習，讓自己重新開機，用一種「新鮮的眼睛」認識自己，同時也為自己尋找出有趣又有意思的生活方式。

1. 背挺直，靜坐五分鐘。思想不是囚犯，總是會自由地跑來跑去，這五分鐘就是「重開機」的機會，五分鐘後，拿出紙筆，想到什麼？在思緒裡遇到誰、發現什麼問題？用一些符號、線條、圖像或者是文字簡述，想辦法記錄下來。

2.有時候，和同學在一起、和家人在一起，或者是在一些活動和「有點熟，又有點不熟」的人在一起，可以準備薄薄的大圍巾或桌巾，蒙住臉，單人被單也很好用，可以蓋住全身上下，這就是變成「**魔法面具**」，也是柑仔店魔法隨手可得的道具。大家圍坐，卸下負擔，單純地透過聲音，對大家表達自己：「我是鬼，比當人的時候好看」、「我是幽靈，只有白白一團，沒有手腳」、「我是怪物，四不像的混合體」、「我是陰森森的小丑，太多的笑容而忘記了我的臉」、「我是開心鬼，我講的人話有怪腔調，因為對我來說，是外國語言」……。

3.如果養成習慣，「魔法面具」的語文遊戲，很輕鬆就可以「自己玩」。除了圍巾、桌巾、被單，還有好多材料，罩上絲襪、扇子、面具……感受自己變成駝鳥，想要躲開什麼？變成搶匪，又想爭取什麼？就在不斷和自己對話時，就會聽見心裡不同的聲音。

4. 摘下面罩，眼睛忽然張開看見新世界時，「面具魔法」開始施展，這就是「重開機」的新鮮時刻，別忘了拿出筆記本，清楚描述出自己在想些什麼？

柑仔店購物籃

「清理情緒Bug」，就是為了活得自在。每一個人都有安定自己，讓生活自在的獨特方向。

〈活得更自在〉☆劉泓序，五年級

我們學習、工作、玩樂，就是為了活得更自在，但是，自在不是「做什麼都無感」，而是一種對「喜好的擁抱和享受」，運動、看書、聊天……無論什麼，有一些事，就是讓人做了覺得很自在。

自在，做自己喜歡的事，也是一種內心的放鬆和平靜，所以，不能過度自由，因為觸碰到任何人的界線，內心的放鬆和平靜就會被打破，所以，自己要更加注意界線的釐清和遵守。

為了活得更自在，有時，幫助別人，讓自己承擔、學習，培養責任感，自己也會感受到生命的活水，能夠和朋友或同學一起做喜歡的事，相互支援，人生就會活得更自在。

〈活得更自在〉☆黃愷彥，中原國小五年級

現代人多半壓力大、工作累，而且隨著都市的發展，人們慢慢變得越沒有感情，也不再像鄉村一樣，有那麼多人與人之間的互動了，越來越像機器人。

我們常因為各種壓力而心力交瘁，越來越空洞，這種沒有安排、隨波逐流的人生，最可怕了。自從科技發達後，大人沒有了休息時間，小孩的童年也慢慢被3C產品給淹沒了，我覺得，每一天的計畫，都應該加入放鬆的時間，讓自己保持彈性，這樣，才有機會維持友好的人際關係。

想要活得自在，首先要有益友，可以聽我們分享，也可以一起創造快樂；其次，要懂得原諒，只有原諒別人才可以活得自在；最後，要為所有的追尋和付出找到平衡，每一天要有工作也要有玩樂。

不只要做好事，也要有不受約束的心，這樣才能活得自在，也才能找到真正的自由。

〈活得更自在〉☆陳岳謙，六年級

我是「關羽」，像籠中鳥一樣，關在看不見的布幕後面，無法展現自己的才能。

回想起從我們一出生，擁有一樣多的自由，隨著時間的流逝，有些人的自由會被「自由小偷」偷走；有些人卻像滴了增殖藥水一樣，越來越多，但這不一定是好事，有可能是老師、父母太失望了，所以才不得不放任，相對的，自由變少，可以幫助培養責任感，更喜歡自己。

所以，自由是等量的，不要因為一時的侷限或挫折而放棄，而是要不斷和自己對話，不怕困難的往前走，一時的節制，換得更多更長遠的自由，才能活得更自在。

〈活得更自在〉☆莊家宇，六年級

用自己最喜歡的方式活著，便能活得更自在，而不是過著被安排的生活，這樣一輩子都活得不自在，因為只是個被人操控的傀儡罷了。

活得自在的代表人物中，東方有莊子，西方有蘇格拉底，他們很自由，有著滿腹學問卻不去演說、當科學家，整天四處遊蕩，但因為他們的才智和異於常人的思想，讓他們受到世人的尊敬，協助每個人珍惜自己，用最適合自己的方法解決問題，這就是他們最喜歡的度日方式，所以每天都很快樂。

活出自己喜歡的樣子，不一定能成名、謀利，但因為自由自在，不受拘束，能比常人更容易發現生活中的小細節，讓生活更開心。

作文練習題目〈活得更自在〉

4

作文小偵探

喜歡看偵探小說嗎？神祕的意外、突來的難題，隨著線索歸納和推論演繹，宛如雲霄飛車的閱讀歷程，忽高又低衝刺奔馳，慢慢鬆開情感緊繃的裂口，解釋了所有讓人糾結的懸念，這時，覺得自己像不像一個好偵探呢？請問，你喜歡當偵探嗎？再想一想，你喜歡寫作文嗎？

咦，當偵探和寫作文有關係嗎？嗯，不騙你，真的大有關係。

想要當一個傑出的偵探，一定要在面對問題時，**釐清問題**，**仔細觀察**，接著再**大膽假設**、**細膩驗證**，切開最好的「破案」口，補足內在心理和外在環境的縫隙。

面對任何一個作文題目，也就是破案過程。一件探案在眼前發生，為了捕捉破案的「創意點子」，我們必須回到自己專屬的「記憶柑仔店」，搜尋、翻找。每當卡關時，一方面回到原點，重新審題，摻雜著生活記憶胡思亂想；另一方面，檢視情緒變化，抹消疲倦、重複的日常生活，用「新鮮的眼睛」認識自己，不斷嘗試記錄自己起伏的心情和不同的生活樣貌，重新整理「記憶柑仔店」的貨架分類方式和剛好用得上的存貨，分門別類，慢慢找出越來越多相關聯的「寫作材料」，站在「我」這個記憶支點，翻覆，搜尋，抽絲剝繭，找出相關的人、地、時、事、物，不斷連綴、鋪陳，直到回扣題目，提出緊密圓滿的推論，為現有的困境找到解答、為未來的發展找出方向，才算解決了寫作謎題，完美破案。

偵探推論的合理進行，就是作文結構的「**段落框架**」。每一個段落，必須緊密銜接，相互呼應，開頭很適合從畫面開始，像讀一本好看的書，或是看一部千變萬化的電影，有一些特寫鏡頭，吸引我們的注意；從這些尋常、或非常異常的背景裡，提供更多的事件聯想和情緒領略；繼而從具體的生活轉向抽象的精神信念，或者是從情感的這一端擺盪到另一端，悲傷到歡喜，歡喜到悲傷，遺憾到圓滿，或者是圓滿終究最後又留下遺憾，這些情緒的變化才形成作品的立體感，也是一個偵探勘破真相的轉折點；最後才能提出對生活的理解和對人生的感慨，也才能找出未來可以遵循的方向。

一位出色的作文偵探，就算從寬無邊際的天空，也可以找出蛛絲馬跡，連接到自己的生命記憶，從「認識自己」出發，一路推論到天涯海角。

柑仔店魔法

請用「天空是……」開頭，從中找出和自已相似的線索，最後聯繫到更寬闊的世界，對人生提出不同的觀察。

1. 天空是一張湛藍的稿紙，我們看著星星、月亮和太陽，在上面塗寫著我們看不懂的命運天書。
2. 天空是深沉的黑，等著我們去注意，直到最後，傷心的燃燒自己，並且墜落。
3. 天空是我的心，有點暗，快樂的流星從天上劃過，一下子又消失了。

4.天空是心情的大海，我是其中小小的波浪。我們只能看到一小片視野，從來不曾看透。

5.天空是一張又一張生活藍圖，我奮鬥、努力，閃爍不定的星星，夜夜展示著他們的美麗，我卻從來不曾觸及。

6.天空是一面看起來很自由、卻不能反映出「我」的鏡子，我投入，犯錯，卻從來不能在這樣無邊寬闊中改正自己。

7.天空是愛美的小姑娘，不在乎我的快樂和悲傷，只想殷勤展示著各色衣裳，就連睡覺的黑長袍，也綴滿了亮片，陪他沉沉睡去。

柑仔店購物籃

對字，多一點感覺；對生活，多一點感覺；對自己的煩惱和歡愉，多一點感覺，我們就可以在柑仔店購物籃裡，裝滿有趣的生活感受和更深刻的人生體會。

〈跑〉☆黃丞溱，三年級

我很喜歡「跑」這個字，因為當我在跑的時候，就能感覺到面前的風一直吹呀吹，讓我很快樂。就算現在跑步的機會變少了，好像只要看到「跑」字，又能想起我以前在跑步時的感覺。

雖然我很喜歡跑步，可是當我發現跑很快時，常常會非常喘，後來才知道我有氣喘。氣喘的人在激烈運動後會很喘，可能會休克，甚至死亡。我現在雖然只能慢跑，可是還是能感覺到有風在吹，所以很快樂。當我清楚認識「跑」這個字時，只要看到它就會想起在跑步時風在吹的樣子，因為「足」就是腳，「包」就是握著拳頭在跑步的樣子，我會一直這樣向前進。

現在雖然很少跑步，但是只要我拿起筆在寫作文時，就發現文字好像在替我跑一樣，一個字接著一個字出現，這時我才發現，不一定要實際去做，或是一定要慢跑，原來，寫作文也是一種快樂的奔跑。

〈我擔心〉☆涂智乙，四年級

坐在椅子上，我害怕去學校大家會笑我，擔心大家會說我的頭髮很像香菇，我多想去買一瓶「快速生髮水」，來解決這個大煩惱。

本來開心地和媽媽手拉手一起去理髮廳，沒想到，竟成為一場惡夢。起初想說只要打薄頭髮就好，可是阿姨越剪越短，最後，就變成西瓜頭，真是太慘了。媽媽不斷安慰我，但我還是覺得很像西瓜，那個時候就發誓，以後再也不要去那一家剪了。回家後，我擔心大家會幫我取一大堆綽號，我覺得好煩，難道沒有解決的方法嗎？

當我踏著擔心的腳步來到了學校，出乎意料的是，我同學竟然也剪成這樣，這時，我心裡想：「要是以前的我一定會笑他，但現在的我如果笑他，就等於笑自己。」

我發現，有自信就是解決擔心的好辦法，自信是來自於內心喜歡自己的程度，我希望我能喜歡自己，這樣就可以解決我的擔心，生活也會過得自信和愉快。

〈我〉☆鄭鈺騰，四年級

我是一個便利貼男孩，老師、父母、同學吩咐的事情，我一定會做到，我十分隨和，也樂於幫助別人。

在學校裡，我有一個綽號叫「熱騰騰」，因為我一向喜歡幫助別人，當同學不舒服，我會主動帶他到保健室休息；當同學遊戲時，不小心滑一跤，跌得四腳朝天時，我也會立刻幫助他，免得造成極大的傷害。連老師也常叫我「鄭成功」這個怪綽號，原因是，老師交待要做的事，我都會積極的趕緊去辦，而且每一次都很成功，幾乎沒有任何差錯。

雖然，當一個便利貼男孩可以幫助別人，但是總不能老是照著人家的話去做，這樣會造成他人太依賴；我自己也花了太多時間做別人希望我做的事，慢慢忽略了自己想要做的事。

我一定要改變自己，但也不能變成一位自私自利的人。想要改變自己很容易，只要認真的判斷別人所要求的事情，是否真的需要幫助才可以完成，這樣才能做回真正的我，變成自己更喜歡的樣子。

作文練習題目〈秘密〉

5

更喜歡自己

神奇的「寫作柑仔店」，從關注太陽、月亮、花、風和葉子開始；慢慢延伸到植物書寫，準備了這麼多**靠近大自然**的貨架，就是為了讓每一個對寫作覺得苦惱的孩子，擁抱鮮活而友善的大環境，慢慢感受大自然不僅美麗，更能和我們深層的大腦形成親密聯繫，我們才能比較平靜、深入地認識自己。

接著，為自己準備專屬的個性小店，在別人都摸索不到的「**記憶柑仔店**」，整理自己，讓自己的故事成為作文的獨特素材；懷著遊戲的心，拆解自己的名字，展開「**名字新旅程**」，是對文字多一點感覺的訓練，也是打破現實、讓想像飛翔的機會，更是為自己打造專屬故事的「柑仔店客製商品」。

做了這些基礎準備後，就要轉換思考死角，「**心情重開機**」，讓自己在寫作文的同時，也為生活的迷惑和停頓找到出路，這是寫作文的技巧，其實也是寫作文的意義和價值；最後在「**作文小偵探**」裡學會破案技巧，從「認識自己」這個基礎，慢慢去試探、摸索，連結到更大的世界，繼而找到方法訓練自己，讓每一篇寫作過程都可以找到方向，更喜歡自己，直到越來越靠近自己喜歡的樣子。

柑仔店魔法

1. 準備很多小紙條，無論人數多少，每人發四張，分別在四張不同的紙條上，寫出「一個角色」、「一個地方」、「做一件事」、「發生一種意外的變化」，再分別投進預先準備的四個小盒子。材料越多越好，如果人數太少，不妨建議每個人寫八張紙條，兩種不同設計。
2. 分別抽出背景（「一個角色」、「一個地方」）、細節（「做一件事」）和變化（「發生一種意外的變化」），然後組合起來，以「我是」當主角，大聲念出這個角色、在什麼地方、做什麼事，又發生了什麼變化，最後把結果接下去。

3. 大家一起分享，聽到什麼樣的故事？得到什麼感動？以及如何看待抽紙條發表意見的人。

4. 最後由抽紙條的人，詮釋自己的感覺，分析自己的個性。

柑仔店購物籃

認識自己，整理自己，才能這麼自在地把這麼多的渴望、想像、粗心、散漫、胡亂的笑、失控、憤怒，一起裝進柑仔店購物籃，拼湊出自己的世界，才能和大家一起，打包自己一生的記憶，降低矛盾，珍惜所有的生命經驗。

記得唷！一定得先把自己的生活清理好了，才有機會，寫一篇好作文。如果我們對所有走過的路，對曾經的歡愉、曾經的疼痛、曾經好好壞壞的過去，都沒辦法記清楚、想清楚，還如何能找到智慧和勇氣，一路向前走去呢？

〈我的世界這麼大〉☆賈晉平，七年級

從小，在我的心中國度，我就是統治者，有虛幻的國土、虛幻的人民百姓、虛幻的動植物和虛幻的城牆，不許任何人進入。

我的心情起伏，影響全國上下。當我心情好時，大家都可以歡天喜地的過生活；我心情壞時，大家都會遭遇到可怕的大災難。上學後我才發現，度量大、不小氣的人，身邊總是圍著一大群朋友；度量小、很小氣的人，卻是孤孤單單的。有許多朋友的人，國家的城門總是大開，隨時歡迎

其他人進入；沒有朋友的人，城門深鎖，不准別人進入。

我終於了解為什麼很少人來找我一起玩了，因為關鍵在城門的開關。我總是把大門牢牢鎖住，很少打開來讓想參觀我的國度的人進來；而那些人緣好的人，城門大開，而且十分細心的照顧進入他的國度中的每一個人。

於是，我命令看守人解開鎖，大大歡迎進入的人，並細心照料，也向那些人學習一些照料的方法。現在，我心中的國度已有非常多人進入，照料也愈來愈細心，城門好久沒關上了……

〈我的世界這麼大〉☆陳品心，二年級

我的世界，暫時是一個名為「大考」的籠中籠，我出不去，也不打算

出去，反正就算出去了，還有更多的考試、更多更大的牢籠。

所以，我只能專心面對現在的世界。暫時只有這麼一丁點大，卻得塞入很多很多，教科書、考卷、作業、小說、線上遊戲、朋友、家人……等。東西塞了這麼多，原本就不大的世界，越來越窄，世界變窄了，我也只好將自己壓縮、壓縮。

世界暫時就這麼大，我也改變不了，但是，我可以改變放在裡面的東西呀！這是我的世界，不該是我被壓縮，於是我開始努力，把每樣東西都去蕪存菁，割捨不下的東西，就收放整齊、不再是壓縮，這樣，我才能越來越大，才像是我的世界！

雖然世界就這麼大，可是我很快樂。因為裡面完完整整地放了所有我想要的東西，而且，在我的世界裡，我是王，我井然有序的「統治」所有屬於我的東西，而不是「被統治」，雖然只有這麼點大，但是，能管理好這世界的所有，對我來說，永遠都在成就「無限大」。

〈我的世界這麼大〉☆何岡秩，八年級

世界上的每個人，都會用不同的視角往未來的日子看，有些人或許是用度數不夠的眼鏡，有些人用賞鳥望遠鏡，有些人則是用天文望遠鏡……隨著鏡面不同，我們看到的範圍就或近或遠。

記得國一時，大家都帶著小學生的心情來上國中的每一堂課，上課不是偷吃東西，便是心不在焉，沒有人在聽課，沒有人預知，到了國中，是一個新的戰場，面臨的是三年後的大考戰役。我有聽沒有懂的度過每一節課，回到家，便開始看電視，或者抱著電腦過夜，感覺沒有任何壓力，直

到考試一次比一次差，被姑姑罵的次數一次比一次多。

第一次段考，由於不斷墮落，落到校排第二十五名，知道回家會被姑姑罵得很慘，然而姑姑跟我說：「你不是要面對我，而是面對三年後自己的人生！」我才想到，應該要看得遠一點，想得深一些，而不是面對眼前，應付眼前的事情，想法就更成熟。

自從我想得深一些，看得比較遠以後，才發現心中有一個世界，隨著走得越深，望向更遠處，才發現我的世界這麼大，比起童年種種，想法已經更周慮而成熟。

〈我的世界這麼大〉☆黃皓偉，九年級

我像個獵人，弓和箭是我的生命。我相信我的世界，由我掌握，所

以，我必須站在生命的高崗上，拿起弓箭，使勁射向遠方，射得愈遠，世界隨之改變。

隨著一次又一次射向遠方的箭，一次次探索，一次次發現，逐漸擴張我的生命版圖。我們在描繪生命版圖時，從小小的願望，到遠遠的目標，一點一滴形成，每分每秒都在為未來準備，而我相信，唯有努力，才能繼續拓寬屬於自己的世界，讓生命的領土成長，一步步靠向自己的目標，在不斷擴展、延伸的過程中，無論是歡喜悲苦，都會確立我們的新視野，我們也隨著自己版圖的擴張，慢慢長大。

在無數的成長考驗中，隨時停下腳步，思考，再慢慢嘗試，讓我們的世界更加延伸。人們常說：「隨著心中怎麼想，我們便成為怎樣的人。」想像是我們最熟悉的伙伴，因為它，創造不同的新事物，我們也從中獲得進步的原動力。

偉大的願望，才能帶來偉大的成就。使勁地將弓射向遠方，我的努力成果逐漸浮顯，一路走過的生命版圖會永遠保留，而且是與眾不同的，這就是我的世界，我看見，我的世界這麼大。

作文練習題目〈我的世界這麼大〉

Part 4

生活
是為了幸福

1 認識自我，理解別人，適應環境

現代人為什麼這麼喜歡逛柑仔店呢？因為，這個社會的巨大進步，把大家「Format」成精確的格式，再一格一格填進人們的期待和不斷增強的競爭；好不容易找到機會，在柑仔店享受沒有規則的鋪貨、失去秩序的隨機，只要有一點點的發現和驚奇，就能從格式化的訓練中逃出來。

想要在越來越覺得艱難破碎的混亂生活中，好好經營自我、表現自我，一定要先學會認識自己，理解別人，才能精確平實地張望世界，溫暖而自信地適應環境。「寫作柑仔店」的存在，就是在任何競爭開跑之前，讓大家先學會愛，學會掏找別人疏忽掉的美麗和樂趣，好好做一個快樂的人，認識自我，理解別人，適應環境，然後一起創造出更幸福的環境。

在神奇的「寫作柑仔店」裡，我們努力地找出各種有趣的故事糖、電影餅、文字玩具和想像道具，並不是為了減輕壓力，而是嘗試平衡情緒，強化處理問題的能力。當社會、學校和家庭教育，不得不遷就各種競爭壓力而加強填鴨時，寫作，就成為「人格教育」和「道德教育」的最後堅持，讓我們一起享受不具有任何功利目的的快樂。

從「認識自我」到「表現自我」，最重要的是，逛一逛這個世界每一個不同屬性的「神奇寫作柑仔店」，把觀察和思索的重點，從「我」的小世界，移轉到「我以外」的大世界，關心更多的「別人」、更多的「世界」，更多繞在我們身邊的起伏好壞，都會變成千萬種寫作材料。

每天打開眼睛，檢查一下自己的「活力指數」。學習在人際互動和生活變動中，對美好的事放進更多感情和想像，享受樂趣；對不夠順利的事，跳出「心情迴圈」，學習從另一個視角訓練自己，關心而不擔心，感慨而不感傷。

活得有勁的孩子，對日夜、四季、時空環境的變化，有一種「刪繁就簡，捕捉重點」的敏銳和直覺，無論外在世界出現任何考驗，都能放慢速度，把模糊的事件和感覺，拆解成放大特寫的「**事件層次**」和「**心情零件**」，從靜態的情緒描摹到動態的付出前進，從內在的情緒延伸到外在情境的困頓和克服，面對問題，解決問題，把一場又一場至死方休的人生修行提煉成文字，再化成真實生活的實踐，這才是寫作的意義和價值。

柑仔店魔法

1. 先聚焦在一個議題：「一個人」、「一個地方」、「一段時間」、「一個充滿記憶或情緒的物」或「一件事」，察覺情緒，在這些情緒層次的描寫中，留下縫隙，提供做出不同選擇的可能，讓自己可以思索、移動。

2. 找出「獨特」的視角，「細膩」地透過探索，表現出情緒層次，和「責怪別人」、「抱怨環境」角力，為自己找出生命出口，最後才能在結論中提出生活準則。

3. 更重要的是，透過環境變動的觀察，檢視內在能量的檢視和因應。試著寫一篇〈櫥窗〉，廚房的窗戶、櫥子上的窗戶、通風的地方、收藏的櫃子……延伸到生命的掩藏和揭露，寫「櫥」，寫「窗」，也把「櫥窗」當作一種意象，從「設計後的展示」，表現自己在觀察和應對後的多層次界定和解釋。

柑仔店購物籃

一、獨特的視角：「暴怒」並不存在

成功時都是我的功勞，失敗時都是別人的問題，好的都想留給自己，不好的都想丟給別人，人就是這麼自私嗎？自私可以改嗎？只要面對自私，察覺情緒變化，「暴怒」並不存在。

無論是生氣、傷心、不滿，情緒總是一點一滴，直到蓋掉了那個緊急剎車的「Stop」鍵。從面對別人開始，一群朋友在對話中，忽然有人開始變臉色或不說話，表示有人說錯話了，在哪一個點，為什麼？如果換成我們自己，應該也會心碎吧？常常這樣檢視，察覺自己，也珍惜別人，慢慢就能精準掌握情緒上的「Stop」，為自己的人生負責。（李淮芃）

二、細膩的探索：「缺陷」可以彌補

我的個子不高，但站在台上的時候，我比所有的人都高。從小，我可以背出整段電影裡的英文台詞，會說相聲、變魔術，唱好聽的歌。但我更常提醒自己，失敗時只輸在當時，責怪和抱怨，卻輸了永遠的機會。

人生像一場球賽，憤怒和怨怪，讓團隊分崩離析，自我檢討才導向成功。在團隊中，只要有一個人先責怪別人，就會形成一面倒效應，只有扛

起責任，才有機會找到希望。（李昱呈）

三、多元的界定：看見無限可能

1. 彭潔玟：櫥窗吸引了我，情不自禁的走進店裡，仔細看見每一個作品後，更想擁有它們，但是那麼昂貴的作品，實在是買不起，只能自己試著做做看，真希望將來這些作品，也能夠放進屬於自己的櫥窗裡。

2. 曾冠惟：只是一個推開門的動作，卻好像經過了漫長的時間一樣，這長長的時間，讓我們從精美走進了簡樸，店裡的所有也不再如想像中的精緻。

3. 陳佩宜：一大片玻璃，隔著水與空氣，只要穿過它，我就可以跳進水裡自由的游泳。這片玻璃，卻像是一道厚厚的牆，讓我無法跨進，只能想像玻璃上反射的我，就是裡頭的人。在外面只能夠看到，卻得不到。我能看到裡面的人游泳，卻不能進去和他們一樣。

4. 廖晉暐：打開書本，像跳進了裝滿知識的櫥窗，不管往右走、往左走，就算自己已經懂了很多，也永遠不可能把櫥窗裡所有的知識全部帶走。

5. 劉育妏：翻開相本，一張張的相片是記憶的櫥窗。我們只能看著相片，回憶從前的趣事，摸也摸不著，也不能坐著哆啦A夢的時光機回到從前。如果，記憶的櫥窗是敞開的，那該有多好！然而，櫥窗不但上了鎖，而且還有密碼，永遠都打不開，不管我有多大的力氣，都拿不出從前的快樂。

6. 黃雅敏：電腦，是網路的櫥窗。櫥窗裡呈現的東西，我們只能夠看不能拿，只有透過訂購，才可以拿到網路裡的一切。

7. 彭明盛：百貨公司的每一扇櫥窗，都有不同的光芒，我們透過玻璃看進去，不是看到商品，只看見自己的影子。精緻裝飾的美麗櫥窗，不是為了讓人羨慕，而是要學會穿透玻璃窗面，看見更多的人，為更多的人服務，那才是最美麗的生命櫥窗。

8. 吳啟豪：我們心裡的櫥窗，擺著所有的情緒。在櫥窗的最上層，有一個牌子，上面寫著「自由」，標價「無價」，這是沒人買得起這個自由，所以，沒有人是自由的。

9. 黃蕙君：櫥窗，是一家店的名片，在和其他人們剛剛相遇，還不太熟的時候，就先遞給對方廣告自己；我們自己的名片，也成為這世界交流的櫥窗。

作文練習題目〈櫥窗〉

2 選定議題，投出好球！

不斷引起爭論和焦慮的108課綱正式上路，2013年9月1日以後出生的小孩，就算是現在還在媽媽肚子裡的寶寶，未來在中小學階段的學習都會遇到108課綱。升學選才方式在更新，國中小學習的內容和重點也在調整，最重要的是，我們必須發掘孩子們學習的內在動力！

為了打造終身學習環境，108課綱的第一個密碼是「**少**」，基本上是減法原則：減時數、減內容、降必修，騰出時間「**認識自己**」；第二個密碼是「**深**」，加深學習層次，跨領域結合，專案導向，學習開始轉向自發性且延伸長遠的累積，認識自己的優點後，有效率的「**表現自己**」。

這些教育變革，聽起來很可怕，其實只是一種生活態度的轉彎，促成我們學會珍惜每一個學習瞬間，不再以成績為唯一評鑑標準，增設「學習歷程」反思成果與心得，從「課程學習紀錄」和「多元學習表現」，進一步檢視性格和能力。不過，「學習履歷」的規劃設計，還是不斷面臨挑戰、修改和變更，與其焦慮著考試模式，不如謹記基礎精神：「**課程變少，學習變深，生活變開心**」，回到新課綱的核心理念：「**自發，互動，共好**」，從自我檢驗、自我否定到自我認同，實踐對現實的觀察、參與和付出，讓自己跳出侷限，活出光彩。

無論教育、選才模式如何改變，應試時，我們無須緊張，「表現」自己，最重要的還是以自己為起點，開一家有趣的「記憶柑仔店」；再抓緊方向，勾住「自己以外」的大世界，擴充「營業內容」，從人人看得到的表面，演繹出藏在內心的情感和思索，進而表現出相接而來的選擇和行動；透過「物」、「地」、「時」、「人」、「事」，準確投出「寫作的球」！

最簡單的「寫作球」，就是選擇一個「**器物**」做特寫鏡頭。種植植物，從天氣的變化、蟲害病變到抽芽開花；自己喜歡的收藏，從愛上了到多年累積的情感；馳騁在運動場上的一顆球、一根跳繩、一滴汗水……學習才藝時糾結在鋼琴、圍棋、毛筆……最後都成為辛苦和歡愉的象徵。

其次，描寫讓自己產生特殊聯結的「**空間**」和「**時間**」。一個難忘的地景、一段印象深刻的旅程、親手經營的環境、充滿個性的私密天地、無人參與的清晨或深夜、對自己充滿獨特意義的魔法時光，都可以摻進更多自我表現。

最能立體呈現自己的多面情緒，以及相應的複雜表現，諸如情感的珍惜和憎厭，能力的考驗和打擊，當然都繞在身邊的「**人物**」或「**事件**」。

選定議題，集中只寫一個人或一件事，周全而深入地從內在的刻劃到外在的努力，就能在寫作場上，投出一記漂亮的好球！

柑仔店魔法

從「認識自己」到「表現自己」，有一個很有趣的日常魔法，就是把自己當作一家公司，也可以為自己開一家公司。

我們的價值觀就是這家公司的經營策略；我們的人際圈，協助我們收集人才；最重要的是，清查、整理做人做事的態度和方法，這就是不斷在重複的管理模式中，想辦法和世界競爭又共好。想一想，自己這家公司，可以設置哪些部門？我們可以分門別類，找出自己這家公司，能夠運用的員工和部門，各自開展出自己的獨特經營方式。腦部門、心部門；高績效部門、低績效部門；有人還出現了「茶包」部門呢！

再想一想，自己這個總經理，最常在心裡對自己說的話是什麼？最需要在一天中做好的時間規劃，又是什麼呢？想清楚之後，就必須放進公司管理流程，經歷層層把關，控管、回收、再製，直到成為這世界的小小禮盒，送到櫥窗展示，讓所有的人都看見。

柑仔店購物籃

這一次，我們的柑仔店購物籃，選購的可都是重量級的「人生老闆」喔！

〈我的公司〉☆余品頤，二年級

我的公司，有彩色的樓梯、藍色的房子，還有紅色的電梯，我想要做一個庭院給工作人員休息，然後再做一個咖啡廳讓他們喝咖啡，我還想要他們上班三天，然後其他兩天在家裡做新資料。

因為我喜歡養小動物，尤其是小鳥，我想要小鳥在天空飛翔，我要彩色樓梯，因為感覺很漂亮又閃耀，還有紅色電梯，因為紅色看起來很熱

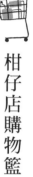

情，我覺得可以招來很多員工。

有員工可以幫忙，是一件很好的事。因為，我想要有很多朋友，和他們玩遊戲，還可以招更多人來買書，如果有更多人來看書，這世界就會變得很美好。

〈為自己開一家森林餐廳〉☆劉芳嘉，林森國小四年級

每當春天到夏天的那一段時間，我喜歡在森林開一間餐廳，動物們都在我身邊圍繞著我，那種感覺多麼自在呀！

我身上彷彿有可以把動物吸引過來的超能力，因為是這森林裡唯一的餐廳，可以讓動物們飽餐一頓，而且也是野生植物溫暖的家。這間餐廳成為一間有魔法的餐廳，要什麼就有什麼，位於森林裡的最深處，全世界的

人們都不知道這餐廳，就算知道了，也無法進入這片森林，只有動物可以進來。

有空的時候，我都會到森林裡的每一個角落看看，我是這片森林的主人，整片森林的花、草、樹木琳瑯滿目，空氣非常新鮮，回到森林的最深處，動物們排排站在雲梯前迎接我，像是我的心肝寶貝一樣乖，走進餐廳裡，所有煮菜的工具和餐具，立刻把吃的、喝的準備好，大家就開始大吃一頓。

這就是春天的送別宴，讓大家分享我們每一個人都有一座屬於自己的城堡，也要有自己的夥伴，每天都在一起，這種感覺多麼溫暖。

〈做自己的總經理〉☆楊翔仁，六年級

世界的每一個人都是自己的總經理，有好的總經理，有壞的總經理，有精打細算的總經理……各式各樣的總經理，在生命的舞台裡自由展現。

每一天，我都在努力管理自己的員工，大部分的部門都做好自己分內的工作，可是，「茶包部門」的員工都是工作狂，他們的「業績」一年比一年還亮眼，實在是不得已，我只好刪減他們的「預算」，不然的話，小小的茶包部門，都要開成「茶包分公司」了；為了刪減他們的預算，我增設了一個「小心部門」，出「茶包」的次數減少後，讓我有更多的時間和精力去做其他更重要的事情，公司的業績變好，還可以促成社會繁榮呢！

作文練習題目〈我的公司〉

3 人際關係，成長途中的「毒」和「藥」

從上學的第一天開始，我們會發現，不同的同學、朋友，帶給我們新鮮的視野和變化。每一個人的個性不同，自身的背景教育差異也大，人際相乘的熱血和衝動、浪漫和冷酷、競爭和忌妒，加上大團體、次團體、小團體之間的運作和角力，友情的變化、情緒的牽動、衝突的發生、和解或者是不能和解，每一天都「很有戲」。

可以說，人際關係的整理和調整，是「寫作柑仔店」裡最神奇、也最危險的選購過程，是「成長行李」中最重要的「必備良藥」；但也常在甜蜜後吞下苦澀，才發現自己吃錯藥了！誤食「糖衣毒藥」，後座力挺難受的，碰到「不對的人」，真的會產生情緒上極大的糾結和痛苦。不過，別擔心，只要認真觀察、思索，會發現喜歡「怪別人」、「搶功勞」或「占便宜」的人，常常是同一批人，他們不喜歡負責任，也沒有意識到自己成為別人心中的「黑名單」，常常失去更多分享美好的機會。

我們只要回到最初的情緒，理解必須負起必要的責任；觀察每一次讓我們難受傷心的「疼痛圈」，找出源頭，跨出綑縛；放下「希望別人怎麼對待我」的幻想，付出「相信自己做得到」的努力；活得更乾脆，珍惜更簡單的純粹熱血。

但要特別提醒大家的是，嚴謹的心，受到的限制就比別人多，不容易自由揮灑，所以，認真、負責並不能保證快樂，有時因為怕被責怪，反而選擇責怪別人、怨惱環境，藉以保持尊嚴，不被發現自己的脆弱和驚惶。這時，我們在拼命做好每一件事時，更要學會放慢腳步，接受挫折和失敗，只要盡了力，認錯也就成了光榮的印記。

這些情緒浮沉，都將匯入豐沛、深沉的寫作汪洋，成為最好的創作素材。只要知道寫作文除了收藏過去的記憶，整理現在的感情，更重要的是，還是要透過在文字裡歸納和演繹，想清楚未來該如何走下去，才能讓文字作為引領我們前進的路標，讓情緒找到出口，讓迷惑找到方向，生活才可能過得更開心。

柑仔店魔法

面對這些人際關係的困惑，聰明的「記憶柑仔店」店老闆，懂得透過文字的檢視和嘗試，找出解決人際困擾的最佳辦法，把重點從「我」移轉到「我以外」的大世界後，就可以運用嶄新的視野，回到「我」的內在核心。

先透過畫面或事件，勾勒出「**現存困境**」；接著，進一步面對自己，寫出個人擁有的優點和缺點，同時也列出大環境給予自己的成全和限制，全面檢視生活，找出熱情和專長，好好表現自我、享受自我；再想清楚，如何讓自己學會付出，活得更有價值，融入一個更寬闊的世界，理解真正的「自在」，就是**「自」己「在」這個當下找到的力量，有所節制也有所堅持**，才能安心地繼續往前走。

柑仔店購物籃

我們的柑仔店購物籃，這次會找到很多有趣的人和有趣的事。在打包這些變化豐富的生活商品時，還可以轉個彎，改變自己的想法，認真理解每一個人，有的人重視內心思索，走向「非主流路線」，看次文化動漫，參與Cosplay小團體，讀「不一定會考出來」的書，做自己有興趣的事，認真摸索出自己的路：

同學的反應，無法猜測，也不能理解，人事發展完全不像自己的想像的那樣，彷彿自己都變成煩躁海洋中最輕的那塊浮板，只能隨波逐流。這時，特別想把自己的腦袋關機，逃避比面對容易，可是，我在一次又一次Cosplay中，得到不相識卻心情相近的人各種大大小小的幫忙，心裡好感

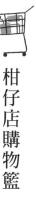

謝，對自己有機會修正問題，準備表演材料，凡事親力親為，更覺得好幸福。（涂智乙）

有的人，能夠在文字中注入聰明、跳脫、有趣又有見識的立論，更能切入真相，深沉地讓我們從「What」中看到「Why」，找出「How」：

在生活中處處不如意，可能因為太有信心或太沒信心，太有信心，對別人要求就太高；太沒有信心，就喜歡用怪自己或怪別人來掩飾真正的問題。我們最需要的是建立「剛剛好的信心」，知道自己的優點和缺點，找出錯誤，面對問題，創造出更多的機會。（紀誌晟）

有的人，區別「孤立」與「孤獨感」的不同，相信孤獨是一種短暫性的寂靜，有時還可以照見自己的豐富；孤立卻是人與社會缺乏聯繫，可能發生在任何年齡，可能是暫時的，也可能成為一生不斷發生的循環，提高了日後生、心理的疾病風險，缺乏持續的人際接觸也可能導致誤解和衝突，最後又形成迴圈，影響我們每一個人的生命安定。所以，打破寂靜，成為一生堅持的學習和訓練。

〈打破寂靜〉☆徐丞妍，六年級

知道三級警戒開始的當下，氣氛馬上下降到冰點，不捨的心情，立刻帶走了歡樂，大家的臉上，除了難過，還是難過。每個人，開始討論，漸漸地，全班就非常大聲，但，吵雜中，心情還是十分寂涼。

全班的腦子中都是擔心，擔心再也降不回二級，擔心再也見不到對方，擔心美麗的友誼，又存在於電腦了。會不會，我們沒有了彼此？會不會，我們喪失了朋友？會不會，我們就消失了？寂寞的心情，占滿了全身，我們害怕、傷心、無助，當下的全班，各個彷彿流落在黑暗，未知的世界。

坐在後方的同學拍了拍我的肩膀，遞了一張紙條給我，紙條寫著：「與其害怕，不如爬起，勇敢的去面對！」下方有著小小的文字，傳下去，回頭看看其他人，不少人振作了，眼神，充滿著光。

不用知道是誰，但，那個人確實打破了寂靜，打破了全班心中盤旋的暗黑蜘蛛網。我感激，他，讓大家走出傷心，用著「無論何事，去面對」的心，邁向困難。

〈打破寂靜〉☆侯丞謙，八年級

當要分組的時候，剛好多一人，說一句：「太多人了，你走吧」，就足以打破他那脆弱的心。那是多麼傷心、悲慘的心情，像世界末日，永遠的孤單；可是，只要另一句：「沒關係，我跟你走」，孤單、難過的氣氛就被打破了。

學校，是人生中分組最多的地方，想必大家都已經習慣同一組人，沒有任何的糾紛。不過，事實上，分組是人與人之間關係的殺手，因為不可能每一次分組都要同個數，一定會有幾次是要被拆散，或是一個人要被獨立出來，從此之後，好朋友變陌生人，最好的朋友變成了史上大仇家。

這不是一次、而是可能會發生數十次的殘酷過程。不過，轉念一想，分組並不是完全壞的，也可能成為人際關係上的天使，讓本來不熟的人，看見了對方的優點或興趣，藉著這一點把他們拉近。

最好的可能，就是會讓好朋友的關愛放到最大。只要我們能夠學會同理、同情，勇敢的打破寂靜，教室就會無限的溫暖。

作文練習題目〈打破寂靜〉

4

樂趣和情韻，讓生活更美好！

表現自己，可以表現出單純快樂的滿足，也可以刻畫出內化深沉的喜悅。我們透過戶外的運動、收藏的沉迷，和家人朋友共食、聊天、玩樂，還有更多為音樂、畫畫、所有藝術休閒所付出的辛勞代價和參與競賽後的血淚奮鬥，找到充滿熱血和尊榮的成就感，藉由書寫有趣又有滋味的生活，精采的展現自己。

當我們越來越能享受生活的樂趣，懂得獨處的智慧，領略心靈的自由時，就可以放慢感受，捕捉自己和人、和物、和天地的深情和餘味，就可以學會一種「和自己相處」的超能力，讓我們走過陰暗低谷、寂寞煎熬，體會人生的不同滋味，這是漫長的生命累積和心情休息的小角落。

讓我們閉上眼睛，放慢速度，捕捉感覺的差異，仔細再想一想，「**樂趣**」和「**情韻**」，到底有什麼不同呢？有人感受得很日常：「樂趣是近一點的歡樂；情韻是更悠遠的喜悅」，有人卻領會得很文學：「樂趣像熱情的星星；情韻是安靜的月亮」；在語感上，是不是會覺得，樂趣快一點、熱一點？情韻慢一點、冷一點？樂趣是瞬間的滿意，情韻更像長遠的幸福？

現代生活講究追求卓越，「生命目標」和「精神壓力」形成拉鋸，如果可以捕捉到，「情韻」就是安安靜靜的「樂趣」，讓我們放空，也讓我們充電，更能在失敗時候接受現實，領悟當下不可能複製的特殊情味，變成一種生活的釋放和遊戲。

最後，再藉由一篇又一篇吐露心事的作文，和真實的生活聯結出相互滲透、影響的親密關係。精確觀察、發現問題，把寫作文的過程當作一次又一次「**柑仔店裡的閒聊**」，針對情感的需要和困境，延伸出多面領略，貼近各種情緒變化，就可以藉由各種嘗試，找出「活得更美好」的方向，不是為了考試分數，也不是為了比賽，就只是興高采烈地，純粹為了快樂，為自己的未來，拓展出更寬闊的光亮。

柑仔店魔法

「活得更美好」，是一個簡單又複雜的願望。因著每個人的成長背景和生活態度，各有差異，沒有標準答案，但是，在寫作文時，我們可以自由地舉辦一場華麗的文學遊戲：

1. 在教室，同學們一起，或者在家裡和親戚、鄰居們一起準備很多形容詞，把自己對未來想像出來的「美好願望」，做成詞卡，像「開心」、「熱情」、「自由」、「獨特」、「幸福」、「健康」、「美麗」……以及更多更多可能，丟進小盒子後，開始抽出一張詞卡，搭配〈活得更□□〉的造句，寫一篇作文，摸索出「活得更美好」的想像。

2. 也可以準備很多「名詞詞卡」，像「勇氣」、「智慧」、「活力」、「情韻」、「專長」、「熱情」、「樂趣」……搭配〈活得更有□□〉的作文題目，寫出表現自己、擁抱生活的更多可能。

柑仔店購物籃

這次的柑仔店購物籃，簡直就是酬賓大抽獎，在這麼多詞卡中，抽到「情韻」卡。究竟，什麼是情韻呢？以下分享了六年級鄭皓文的發想，而我們自己又是如何在平淡日常中發現生活情韻呢？

1. 詩有限制的美，聯結到真實世界，情韻就成為不可或缺的要素。
2. 太陽不在情韻之中，但情韻在太陽裡，只向有些人的世界開放。
3. 月光讓詩人領悟了情韻，那我們要在哪一個世界中，捕捉到屬於我們自己的情韻？
4. 情韻在流光的漩渦中，需要瞬間感受。
5. 情韻是一把藝術的刀，砍削出生活的真實樣貌。

6.情韻是一個節拍器，答、答、答，在放慢的節奏中，領略美好的人性。

7.惡，善，任何生活中的小事，因為情韻，讓情感變得可以忍受。

8.真、假、快、慢、美、醜……地上天空，情韻無處不在，善用「心眼」，從靈魂深處看見可能。

9.世界地圖的各項法則，並不是不變的界定，情韻洋溢其中，成為永遠的浪漫。

10.愛情的迷霧中，情韻就藏在正中央，需要用心照亮，才能閃現光采。

〈活得更有情韻〉☆簡郁儒，七年級

單調的柏油路上出現不時跳動的影子，抬頭往上看，原來是一隻粉蝶！我的視線隨著牠舞動、停留，牠每吸一朵花蜜，就像幫我吸走那些不好的回憶，逐漸的，我的心情再次開朗起來，踏著輕鬆的步伐，隨著蝴蝶逐漸走遠。

寫作文時，就像有隻隱形的蝴蝶般，吸著花蜜，覆蓋憂傷，將最深刻的記憶寫進作文裡，也寫進我的心，無論何時都去品嚐、去回憶，我覺得這就是情韻。

蝴蝶飛呀飛，飛進黑夜，輕輕點一下水面，一波波漣漪往外散，就像我們的心，感受到一波波悸動，無邊無際並永不停止。

5 生活選擇和人生劇本

我們在神奇的寫作柑仔店，一起走過從「**認識自己**」到「**表現自己**」的寫作旅程，好像也在一堆又一堆生活雜貨中，找到讓自己活得更開心的記憶小物。回看過去每一天、每個瞬間所做的選擇，以及繞著這個選擇形成的結果，如果和我們喜歡的「人生劇本」一致，就可以一直開心地過日子。

不過，這並不容易。如果一切都照劇本，那是演戲，根本就不叫做「人生」了啊！在我們不太懂事的「純真時代」，毫不掩飾地責怪別人，對外在環境的不如意大哭大鬧，這些不斷重複的生活選擇，表面上順心、得利了，其實，很容易造成別人對自己不信任，無論是日常情緒或人際關係，都和美好的人生劇本越離越遠。

長大後，我們不敢亂發脾氣了，卻慢慢學會將「把責任推給別人」這個老問題，「化妝」成抱怨和辯解，並且不斷捲入反覆糾結的苦悶和質疑，我們過得好嗎？快樂嗎？要怎樣才能活得更自在、更有價值？這時，文字就成為最好的羅盤，幫助我們靜下心來，跳出固定的選擇模式，學會調整看問題的角度，認清問題關鍵，養成對事不對人的習慣，才能精確的認識自己，檢查問題。

柑仔店魔法

發現了吧？原來，柑仔店其實沒有童話故事般的魔法，神奇的只是我們改變自己的態度和做法，快樂而有效地表現自己，才和世界形成了美好的聯繫。現在，就來參與一場最後的柑仔店魔法，做為踏上美好人生前，和寫作柑仔店的溫柔告別。

1. 為自己的人生劇本，找出夢想，設定一個方向，確立一種值得費盡心思、無止盡奮鬥的目標。
2. 在問題發生時，對「怪別人」的思維模式按下「Stop」鍵，整理出一套心情SOP：先問自己有沒有責任？降低對別人的苛責，反思自己在同一個位置上會怎麼做？最後，積極找出問題關鍵，認真解決，並且提醒自己，絕不重複問題。

3. 從責怪別人給得多不多、好不好的「外在情緒」，回到自己開不開心、滿不滿足的「內在感受」，體會各種喜怒哀樂的變化，特寫日常生活。把一個小小的「逆轉」瞬間，當作一場至死方休的人生戰鬥，不抱怨，不辯解，不停留，不放棄，像電玩過關，找到「出口」，想像未來，不斷往前走去。

柑仔店購物籃

從2022年底寫作生成機器人發明以來，許多人認為，這也可以是一種「尋找靈感」的管道，不過ChatGPT的創作，一定是從大數據找來，如果我們在創作時引用它的想法來「再製」，很可能創作者自己都不知道「自己在抄襲」。

命名來自超現實主義畫家達利（Dali）和皮克斯動畫電影中的機器人瓦力（WALL • E）的「Dall-E」再製畫，常有侵權問題發生，就是因為機器創作「必有所本」。文字數據庫太大了，很可能我們引用構想，暫時不易發現，但是，機器人越來越聰明，尤其是創作核心的「詩」或「故事點子」，常常依賴的就是一種「瞬間的光點」，可以說，靈感就是創作的靈魂，一旦被引用，很可能隨著人工智慧的進步，越來越容易被比對出來。所以，值得大家進一步思考的是，與其說把ChatGPT當做寫作助手，不如當個解悶、有趣的聊天機器人，回到創作，有時可以麻煩這位好朋友幫我們斟酌字句，就當作度過一段「書房柑仔店的聊天時間」，真正要寫出自己生命的亮光，還是要以自己的發想為主。

〈看見生命的光〉☆鄭亦安，七年級

世界上，充滿了許多黑暗的角落，在那些角落中，往往住著被烏雲遮蔽而不見光芒的人。但是，不論任何人，在他們心底，必定存在著一盞聚光燈，等著大放光明的喜悅，等著他們塗上濃妝，邁向光耀奪目的前台，盡力演出生命的樂章，讓觀眾的掌聲、七彩的燈光都投在他們身上。

前台演員雖亮麗光彩，但後台拉布幕的、設計服裝道具的和編戲的每一個人，同時也努力綻放生命的光亮。後台控制燈光的，當他們把閃亮的力量投在演員身上時，他們心裡的那盞燈，也放出最熱情、最有力量的光，雖然不能直接讓觀眾看見他們耀眼的光，在黑暗的後台中，他們堅持使費心創作的成品大放光亮。

當某人誠心讚美演員舞姿時，相信後台的編舞者，心裡的那盞燈必定開到最熱最亮，讓他們也同時看見生命最熱情燦爛的太陽！

生命的光不只出現在人的外表，它也會出現在我們心裡，並以最快的速度讓我們明瞭，生命的光其實時常釋放明亮，只要我們用心體會，必定會發覺它熱情的存在。

〈看見生命的光〉☆劉德玉，七年級

我，並不常在這只有幾頁的「生命聯絡簿」裡，找到「心情天氣——晴」。白紙和課本上，畫著象徵加油的小人物，它們並非幸福的笑，而是經歷每一件事，歷盡各種挫折、嘲笑後才「出生」。這一個又一個小人物，是每一個光點，雖然總在事情過後才出現，但堅定的笑容，可以溫暖我那還不夠成熟的世界。

偶爾，被發現了。大家也會跟著笑，像插上插頭的檯燈，渲染了我們曾在學校走過的記憶。不是要沉到谷底才能體會光的好，光點一直存在著，生命不完全黑暗，只是選擇了窗簾遮住自己。慢慢的，醞釀著屬於自己的光……。

生活中，常有人用成績限制自己，我，則是在啦啦隊的練習中，忘了一些原本很在意的瑣事。隊長是個男生，成績不是很好，但這是一個人喜歡做的事，看到為了目標而認真的人，「確實，讀書不是唯一選擇也不是唯一的事」，我常想，或許只有自我特長不很特殊的人，才會想靠著念書引人注目的吧！或許吧……不過，這也是種該學習的事。到底是什麼選擇才會發揮光芒呢？大概只能請指引之光告訴我們吧！

「尋找、看見、抓住、發揮，屬於自己生命中的光。」停住在看光的我，是不是，該握住？

〈看見生命的光〉☆曾仲劭，八年級

每一個人的生命，不可能隨時都是快樂指數百分百，就算是很幸運的人，也有不高興的時候。學著檢視「快樂指數」，讓我們清楚地看見一個人的快樂程度，珍惜快樂，並且學習如何與「不高興」、「不快樂」共處，就是我們必學的課程。

舉例來說：成績，是我們最關心、也是最擔心的事物。成績好，當然好，但是成績不好，如何找到解決之道，找到與「不快樂」共處的那一束光芒，比如聽音樂、打球，放鬆一下心情，再來「拚」過黑暗，下一次才有可能出現更好的成績。

談到「成績」，這只是我們生命的一小部分，解決方法當然比較簡單。人生中還有很多黑暗時刻，比成績更煎熬、更複雜，這時，如何看見生命的光，才是我們真正要去探討的問題。我們必須接受，人生必定有低潮，只要活著，我們就得走出那一段低潮，爬到生命的高峰。生命中最重要的時刻，不是在最高峰，而是從低潮轉向上爬的那一點，而就是在那個時候，我們看到了生命的光，看到那溫暖的光。

我們看到那一道生命之光，就能碰觸到快樂的源頭，之前的痛楚、失望，自然就消失得無影無蹤，同時也把生命中所有的「不高興」和「不快樂」，全部都照亮。

作文練習題目〈看見生命的光〉

Part 5

結語：
喜歡寫，並且寫得很不錯！

給孩子們的寫作小叮嚀

一、大視野，讓自己更安心

拔高生活視野，放大世界，不要太在意生活小糾結。什麼成績啊考試的，別給自己太大壓力，整天擔心成績，就會變成「更大的壓力」，讓自己腦子都昏昏亂亂的。記住，在「**發現生活驚奇**」時，那些原本很在意的成績，都會變成小事喔！

二、小鏡頭，讓生活更新鮮

寫作時，最重要的還是自己的感覺。有一個簡單又有趣的練習方法是，學著每一天為自己選擇一個「眼前看到的東西」，聯想成另一種「眼前看不到的感覺」，並且回想起一個生命中相關的經驗，因為這些屬於自己的「感覺」和「生命經驗」，都是真實的，所以「獨一無二」。

只要習慣從「生命經驗」開始設想出作文材料，延伸感覺，最後再提出見解；也就是用「記敘文」筆法寫生命經驗，並用「抒情文」延伸出比較細、又比較具有特色的感覺，再以「論說文」方式提出見解，這樣，就會成為一篇好文章。

三、名人金句，寫作柑仔店的小祕寶

準備十個短句，可以是「自己很喜歡」、「和自己的價值觀很接近」，或者是「深深影響過自己」的「格言」、「佳句」、「諺語」、「名人金句」，貼在每天必經的地方（書桌前、電腦上、廁所門口……），反覆出現，直到熟悉為止。

隨著時空變化，可以常常抽換。這些格言金句的選擇標準，必須是「文句精緻」、「意象鮮明」，尤其要注意「比較少人使用」。想想看，會有多少人運用「好的開始，是成功的一半」、「一份耕耘，一份收穫」、「大自然不是缺少美，而是缺少發現」？還是特別一點，比較有趣！

正式運用格言金句，盡可能只選用一到兩句，三句就是極限，千萬不要一口氣十句都放上去，引用過多，文句一定會破碎，撕裂了自己的感覺。

四、作文筆記，記憶柑仔店的小祕寶

記住唷！大考時，閱卷老師要批閱幾千、幾萬份試卷。取得好成績，好像需要一點好運氣。但是，到最後，相信真實的自己，絕對比相信運氣更有用，一定、一定要**看清範圍、絕不離題，凸顯個人的感覺，寫出真實的自己**。試著把自己過去曾經寫過的作文或小筆記整理出來，經歷成長過程中做過的各種作文題型，有一些創作素材、有一些生命經驗的檢視，如果曾經在生活中閃現過光亮，考試時，重複這些選材也沒關係，重要的是，寫得真情即可。

給爸爸、媽媽和老師們的成長說明書

回顧教改以前的作文教育，國文占兩百分，作文八十，其他學科都是一百分；後來，國文和其他學科占的比例都是一百分，在學科分科越來越精確的趨勢中，跨領域檢測的作文比重，不斷被壓縮。2001年多元入學方案上路後，2002年廢考作文；僅隔短短兩年，2004年就在多方交戰下，開始擬定恢復作文考試，2007年復考，**說明「作文」能力在台灣教育中的獨特地位，更被視為「綜合能力」教育鑑別的重要切入點**。

無論世界如何運作，有一些教育信念不會動搖。我們教養孩子，就像在神奇柑仔店裡尋找神祕妙方，總希望有一些獨一無二的發現，可以陪伴著孩子們，在流動的時空裡成長、成熟，希望在他們長大以後，不但經濟獨立，也能像尋寶探險般，一輩子都活得自信又快樂。

喜歡寫，並且寫得很不錯，就是打開所有職場的萬能鑰匙，而後藉由觀察世界、人際平衡和自我認識，促成身心靈的健康、專業強化、建立支援網來提高競爭力，就是一生的功課了。

記得哦！在神奇的寫作柑仔店裡，我們買到的，不只是寫作祕笈，更是神奇的心靈指針。

附錄——蘇格拉底的十個金句

希臘著名哲學家及教育學家蘇格拉底（西元前四六九年～前三九九年），即使不具有宗教意味，仍然與釋迦牟尼、耶穌基督、孔子並列為「世界四聖」，直到現在，仍然有不斷跟上時代的影音作品重新詮釋他的哲學思想。所以，我們就選十個蘇格拉底金句做起點，日後隨這自己的成場與成熟，還可以常常抽換「自己很喜歡」、「和自己的價值很接近」或「深深影響過自己」的名人金句。

1.每個人身上都有太陽，主要是如何讓它發光。

2.每一株玫瑰都有刺；正如每一個人的性格中，都有我們不能容忍的地方。

3.最少的期盼，才能擁有最大的幸福。

4.知足是天然的財富，奢侈是人為的貧窮。

5.世界上最快樂的事，莫過於為理想而奮鬥。

6.知道得越多，愈發現自己的不足。我只知道一件事，就是我一無所知。

7.教育不是灌輸，而是點燃火焰；是把我們的內心勾引出來的工具和方法。

8.最有效的教育方法不是告訴人們答案，而是向他們提問。問題是接生婆，它能幫助新思想的誕生。

9\. 如果我們把每個人的不幸，堆成一堆由大家均分，大多數人都甘願接受自己原來的那一份，然後欣然離去。

10\. 許多賽跑的失敗，都是失敗在最後幾步。跑「應跑的路」已經不容易，「跑到盡頭」當然更困難。

回函贈品

掃描QR-Code，填妥線上回函完整資料，

即可索取本書贈品「**神奇寫作柑仔店_作文學習單**」。

活動日期：即日起至2024年12月30日

寄送日期：填寫線上回函，送出Google表單後，

在下一頁即可看到學習單的下載連結。

★追蹤大樹林臉書，搜尋：@ bigtreebook，獲得優質好文與新書書訊。

★加入大樹林LINE群組，獲得優惠訊息與即時客服。

++

★贈品說明

「神奇寫作柑仔店_作文學習單」（共三頁）：

提供一個作文題目，讓孩子練習寫作，並透過畫圖來發揮想像力。

★適合國小三至六年級以及國中學生

國家圖書館出版品預行編目(CIP)資料

神奇寫作柑仔店：寫作的心靈雞湯!20道作文核心命題,展現自己,提升競爭力/黃秋芳著. -- 初版. -- 新北市：大樹林出版社, 2023.12
面； 公分. -- (閱讀寫作課；4)
ISBN 978-626-97814-4-7(平裝)

1.CST: 漢語教學 2.CST: 作文 3.CST: 寫作法 4.CST: 中小學教育

523.313 112019693

大樹林學院
www.gwclass.com

最新課程 New !
公布於以下官方網站

大树林学苑—微信

課程與商品諮詢

大樹林學院 — LINE

閱讀寫作課 04

神奇寫作柑仔店：

寫作的心靈雞湯！20道作文核心命題，展現自己，提升競爭力

作　　者／黃秋芳
總 編 輯／彭文富
主　　編／黃懿慧
內文排版／菩薩蠻
封面設計／ANCY PI
校　　對／楊心怡、邱月亭
出 版 者／大樹林出版社
營業地址／23357 新北市中和區中山路 2 段 530 號 6 樓之 1
通訊地址／23586 新北市中和區中正路 872 號 6 樓之 2
電　　話／(02) 2222-7270　　傳　　真／(02) 2222-1270
E-mail／notime.chung@msa.hinet.net
官　　網／www.gwclass.com
Facebook／www.facebook.com/bigtreebook
發 行 人／彭文富
劃撥帳號／18746459　　戶　　名／大樹林出版社
總 經 銷／知遠文化事業有限公司
地　　址／222 深坑區北深路三段 155 巷 25 號 5 樓
電　　話／02-2664-8800　　傳　　真／02-2664-8801
初　　版／2023 年 12 月

定價／320 元　港幣：107 元　ISBN／978-626-97814-4-7